AF502654

Raoul GRIMOIN-SANSON

Dessin de Hemjic.

SIXIÈME MILLE

LES ÉDITIONS HENRY-PARVILLE

PARIS

Le Film de ma Vie

Raoul GRIMOIN-SANSON

LE FILM DE MA VIE

SIXIÈME MILLE

LES ÉDITIONS HENRY-PARVILLE

35, RUE DES ACACIAS, 35

PARIS

—

1926

A LA MÉMOIRE
DE MON MAITRE

ÉTIENNE-JULES MAREY
(1830-1903)

LE GRAND PHYSIOLOGISTE FRANÇAIS
QUI MIT AU SERVICE DE LA SCIENCE
LES APPAREILS GRAPHIQUES MODERNES

*je dédie respectueusement
ce modeste ouvrage.*

R. G.-S.

Raoul GRIMOIN-SANSON

Inventeur du projecteur à échappement, aujourd'hui en usage
dans tous les cinémas du monde.

LE FILM DE MA VIE

I

SOUVENIRS D'ENFANCE

LA SOUPE DE SAINT-DENIS

À l'heure où j'entreprends, avec une sérénité qui n'appartient guère qu'aux hommes d'âge, d'écrire le récit de ma vie, ma pensée retrouve dans leur plus exquise fraîcheur, les ravissements de mon enfance. Je me revois au bord de la Seine, à Elbeuf, ma cité natale, dispensatrice de tant d'énergie, et dont l'industrie drapière est connue jusqu'au delà des mers. Plus encore qu'aujourd'hui, de grandes usines répandaient alors une incessante odeur de suint brûlé, et la rumeur des métiers remplissait l'air de cadence laborieuse. Le travail s'imposait en loi indiscutable. Et rien ne pouvait, mieux que cette atmosphère de labeur obstiné, inspirer l'inventeur que je me préparais à devenir.

Je suis né le 7 mai 1860, au 14 de la rue de la Barrière. Mon père, Cyprien Sanson, fabricant de drap, était un homme fortement musclé, au visage méditatif, confiant

1

et doux. Il me témoigna une affection régulière, qu'aucune de mes équipées enfantines ne troubla jamais. Ma

Sur les genoux de mon père, en 1861.

mère, née Marie-Cécile Leroux, fit pour ainsi dire seule
mon éducation. Sa corpulence n'enlevait rien à sa vivacité et son teint demeurait d'une fraîcheur surprenante.
On m'a raconté, plus tard, qu'elle avait été très jolie.

Pour moi, elle était simplement ma mère et mon imagination la parait de grâce infinie. La bonté de mon père,
qui atteignait parfois à la faiblesse, avait obligé maman
à assumer la plus grande part des responsabilités

Ma mère, en 1900.

communes. Femme d'ordre et de décision, elle pouvait
quelquefois paraître hautaine. En réalité, elle se sacrifia
tout entière à l'éducation de ses deux fils.

Mon premier ami fut Saint-Denis, un marchand de
gravures. Il venait d'acheter pour vingt-sept francs
son fonds de commerce, et commençait péniblement en
vendant, un sou pièce, des images d'Épinal. Il en avait

d'ailleurs tapissé les murs et les fenêtres de sa boutique, qui ressemblait à un pan d'andrinople rapiécé. Les enfants, retenus par tant de teintes vives, stationnaient longuement chez lui, hésitant à choisir parmi ces merveilles. Je me souviens d'être demeuré à feuilleter, fasciné, une collection immense, ne sachant comment arrêter mon choix. Et mon ami, pour me presser, usait de la même inévitable formule :

— Allons, dépêche-toi, ma soupe se refroidit !

Le matin, le soir, et à toute heure de la journée lorsque je m'attardais chez Saint-Denis, je pouvais croire ainsi troubler un même interminable repas. A peine m'étais-je emparé de la collection, l'avertissement inexorable coupait-il court à mon extase :

— Allons, dépêche-toi, ma soupe se refroidit !

J'en vins à me demander comment un homme pouvait avaler tant de soupe et comment surtout, ogre parmi les ogres, il pouvait demeurer malgré cette voracité, « maigre autant qu'un cent de clous ». Aussi, lorsqu'il arriva un jour à ma mère de m'exhorter à finir mon propre potage, faute de quoi je ne pourrais grandir, lui répondis-je que Saint-Denis, le marchand d'images, en avalait toute la journée et ne grossissait pas.

A l'heure où j'écris ces lignes, Saint-Denis vit encore. Il touche à sa quatre-vingt-cinquième année et, devenu imprimeur, est propriétaire de plusieurs journaux régionaux. On le voit parcourir sans cesse le pays, à la recherche de documents archéologiques, et il a

écrit d'interminables œuvres d'histoire locale. Taciturne, sobre et parcimonieux, Saint-Denis médite et
vieillit à la manière des sages antiques.

La fabrique de mon père, en 1860.

Bientôt j'entrai à l'école. Ma santé était si délicate
que l'on me plaça dans l'établissement où j'avais le plus
de chances de respirer de l'air pur, chez les Frères de

la rue de la Justice. J'y demeurai près de trois ans, rentrant chaque soir à la maison. Je revois comme s'il se tenait encore devant moi le directeur de l'école, le frère

Mon portrait
à quatre ans, 1864.

Marin, un homme de haute taille, dont le visage respirait autant de simplicité que de bonté. La plus notable aventure qui m'arriva en ce temps m'a laissé plus d'étonnement que de tristesse. En rentrant à la maison, je m'étais attardé à faire avec mes amis des bateaux de papier avec les pages de mes livres d'école. Je regardais enchanté tant de science aride glisser au fil de l'eau, et s'éloigner de moi comme un mauvais rêve. Ma mère, venue à ma recherche, me surprit et me distribua une fessée magistrale... Mais ce n'était là qu'un incident. Lorsque je quittai l'école, le frère Marin écrivit une longue lettre à mes parents, affirmant — ce qui me flattait fort — qu'il resterait toujours mon ami.

Bientôt, ma santé de plus en plus débile exigea que chaque jour je sortisse deux heures pour me promener dans les bois de la Saussaye, où me conduisait ma bonne, Toinette. En été, nous ne rentrions qu'à l'heure du dîner, et elle me racontait d'interminables histoires. Plus tard, devenu homme, il m'arriva de la ren-

École des Frères d'Elbeuf. — La récréation.

contrer par hasard et je me précipitai au-devant
d'elle :

— Toinette, m'écriai-je, Toinette, c'est toi ?

— Mais, monsieur, je vous en supplie... qui êtes
vous ?

— Comment, Toinette, tu ne me reconnais pas ! Tu
ne reconnais pas Raoul ?

Elle me considéra avec stupeur, et bientôt son étonnement fondit en pitié.

— Est-ce possible, murmura-t-elle, — vous qui étiez
si joli...

Évidemment, j'avais changé. Je me mis à rire de bon
cœur...

Mon père, tant que dura cette enfance indécise,
demeurait absorbé dans ses recherches, la pensée loin
au-dessus de mes petites misères. Lorsque par hasard
il s'y arrêtait, il épanchait alors une pitié spontanée et
très douce, qui m'étonnait moi-même. Puis il reprenait
son rêve... Sans doute voyait-il en moi son successeur,
et sa fabrique, située au 41 de la rue de Caudebec, prospérait alors sans relâche. Il créa vers cette époque des
nouveautés admirables, le grain de poudre, le pointillé,
les bandes brodées, les damiers de couleur. Je le voyais
souvent, le soir, qui poursuivait sa méditation ininterrompue, dont sortirent tant d'ingénieuses découvertes.
Et je le contemplais en silence, comme un petit primitif arrêté devant une mystérieuse idole...

JE DEVIENS PRESTIDIGITATEUR

J'avais huit ans lorsque survint ma première aventure notable et qui sans doute décida le reste de ma vie. Comme chaque année, en septembre, la place Lecallier se couvrit de baraques foraines, que les enfants ne laissaient d'assiéger. Pour moi, il en est deux qui dès le premier jour me fascinèrent. C'étaient le « Grand Théâtre » Gransard et Courtois, ainsi que la petite baraque d'un marchand d'instruments de prestidigitation, « le célèbre magicien Mance ». Pauvre Mance ! Fort médiocre batteur d'estrade, on le devinait plus prompt à s'attabler au café qu'à renouveler sa maigre provision de mystères ! C'était un homme de quarante ans peut-être, menu, presque fuyant d'aspect. Cet humble bougre m'apparut néanmoins paré du plus pur génie, et jamais aucun personnage n'a produit plus d'effet sur mon imagination. Je ne vivais que par lui, inventant mille prétextes pour m'échapper sans cesse, et j'arrivais tout frémissant m'absorber dans sa contemplation.

Pour attirer les badauds, Mance exécutait le tour si répandu des *gobelets à muscades*. Je demeurai des heures à l'observer et finis par surprendre son secret. Je compris qu'il tirait de la poche de son tablier, qu'il disait remplie de poudre de perlimpinpin, les grosses muscades de drap rouge qu'il substituait, à la fin du tour, aux petites muscades de liège. Cette initiation s'étendit, et la vérité sur d'autres escamotages m'apparut bientôt bribe par bribe.

Le frère Marin et ses élèves en 1885

Le « Grand Théâtre » faisait à cette même époque courir tout Elbeuf et l'on allait chaque soir s'y entasser pour voir le *décapité parlant* et les *spectres vivants*.

J'appris, — je pressentis, pourrait-on dire — que pour l'apparition des fantômes, on se servait d'un immense miroir sans tain, et que les acteurs, placés sous la scène, étaient éclairés par un projecteur électrique. Mais toutes ces merveilles dans ma pensée devaient encore être précisées, et une confusion terrible me faisait les confondre, et me tourmentait au point de m'empêcher de dormir. Une force jusqu'à ce moment inconnue me poussait à savoir. Je voulais passionnément apprendre. Je m'enhardis ainsi jusqu'à adresser la parole à Mance. Et comme j'avais remarqué qu'il prenait ses repas dans une gargote voisine, je lui proposai de le remplacer pendant ce temps-là et m'offris pour vendre des *bouteilles noires* en papier. Un sourire incrédule m'accueillit, mais, pour lui démontrer le sérieux de ma proposition, j'exécutai à son grand étonnement le *tour des gobelets* et avalai une muscade.

Le magicien n'en croyait pas ses yeux :

— Recommence, demanda-t-il, recommence !

Je ne demandais pas mieux, et fis valoir toute ma science. Mance accepta mon offre et promit d'achever mon éducation.

Il n'eut pas à se plaindre de moi. La plus grande difficulté consistait non pas à tromper la vigilance du spectateur, mais à improviser le boniment. L'habitude, par bonheur, en fut rapidement prise et mon patron put alors prolonger tout à son aise le temps de ses repas : les badauds s'arrêtaient plus facilement, retenus

bien mieux par un enfant que par « l'illustre maître »
en personne. J'ajoute d'ailleurs qu'il paracheva mon
éducation en me révélant dans tous leurs détails les
secrets du « Grand Théâtre » et en m'enseignant les
pièces de monnaie, les *cartes biseautées*, les *dés plombés*,
les *foulards*, la *bouteille aux cent liqueurs* et les *anneaux
indiens*.

Mais un jour, étonnée de mes fréquentes absences,
ma mère demanda à un voisin s'il m'avait aperçu.

— Raoul, répondit-il, il vend des bouteilles noires
dans la baraque du sorcier Mance...

Ma pauvre mère se précipita place Lecallier, où elle
me surprit en plein boniment. Monté sur le grand tré-
teau, j'avalais la muscade de liège. Je la vis, je perdis
contenance, je me mis à bredouiller, je m'interrompis,
confus. Le tour des gobelets en resta là, tandis que les
curieux plus peut-être que de mon art, s'ébaudissaient
de ma déconvenue. Mance accourut, prit ma défense et
s'accusa de m'avoir entraîné. Rien n'y fit. Ma mère
me prit par la main et me ramena consterné à la
maison.

Il fallut renoncer aux planches, mais non pas à la
prestidigitation. Mance se désola, gagna moins et but
davantage. Il quitta Elbeuf peu après, et je ne le revis
jamais. Mais les leçons qu'il m'avait données n'étaient
pas perdues. Je me mis à travailler seul, continuant à
exercer la vélocité de mes doigts. J'avais commencé
aussi à jouer du violon, et j'y prenais un plaisir jamais

fatigué. Mais je passais les heures les plus heureuses de mon existence dans mon « laboratoire ».

Mon premier laboratoire.

Ce laboratoire était installé sous un escalier, dans un petit *cagibi* sombre où j'avais peine à me retourner. J'avais entassé là de vieux traités de science et de magie, des instruments que m'avait donnés Mance, et ceux que j'avais confectionnés ou acquis. Les jeudis et les dimanches, je me réfugiais dans mon antre où j'étudiais la physique et la chimie. J'avais dix ans et j'étais alors un drôle de petit bonhomme, original et renfermé, sans cesse à la poursuite d'interminables rêves. Mais lorsque je concevais un projet, il fallait que je l'exécutasse tout de suite, tout de suite, avec une sorte d'ardeur fiévreuse, presque maladive. Mes bocaux, mes éprouvettes, mes fioles, mes cornues me tenaient compagnie et leur présence suffisait à mon bonheur. J'appris à produire de l'oxygène, de l'hydrogène, de l'azote, de l'acide azotique. A ma sortie de chez les Frères, j'avais été placé au pensionnat Ouin-Lepage où le professeur Pinchon, un érudit que sa maigreur rendait presque effrayant, me prit en amitié et me fit travailler plus qu'il n'était d'usage, me considérant bientôt davantage en disciple qu'en élève.

LES PRUSSIENS A ELBEUF

La guerre ne prit pour moi son sens véritable que lorsque mon père partit. On avait parlé tout d'abord de victoire, puis de défaite. L'invasion du territoire, le siège de Paris, la chute de l'Empire provoquaient autour de moi d'inépuisables conversations, auxquelles je ne participais pas. Qu'aurais-je pu dire ? Je me souviens par contre nettement qu'un jour ma mère me prit avec elle en voiture, et nous partîmes pour Alizay, près de

Pont-de-l'Arche. Après une course assez décousue à travers la campagne, nous arrivâmes, sur une hauteur. à l'endroit où mon père se tenait avec sa compagnie de francs-tireurs. Il me souleva de terre, m'embrassa passionnément. La vue de tant d'hommes en armes m'impressionna si fort que je me souviens de cette scène comme si elle datait d'hier. Et mon père, d'habitude si calme. ne décolérait pas :

— C'est une infamie ! disait-il. A chaque instant le même ordre arrive : « Repliez-vous, voilà les Prussiens ! » C'est tout ce que l'on sait nous dire...

Sans doute. aveuglé de patriotisme. ne comprenait-il pas que sa petite troupe d'hommes âgés et mal armés ne pouvait que se faire massacrer sans utilité. Maman m'entraîna et nous reprîmes en silence le chemin d'Elbeuf. Deux nuits plus tard, je fus réveillé par des sanglots : mon père était rentré, et il pleurait de rage impuissante. Je me levai et me faufilai stupéfait dans sa chambre. Jamais je ne l'avais vu dans un état pareil. Il avait enlevé sa tunique bleue, il l'avait saisie par les deux pans. et d'un geste furieux, il la déchira d'un seul coup. de bas en haut...

—Qu'ils la battent, leur générale. s'écria-t-il, qu'ils la battent tant qu'ils voudront. On se fout de nous ! Je voulais lutter et je n'ai reçu que des ordres de retraite ! C'est trop tard, maintenant, trop tard !

Il retomba dans un fauteuil, accablé, tout secoué de violence. de menace et de désespoir. On m'envoya dormir. Mais avant de reprendre mon sommeil je l'entendis longtemps qui circulait, hors de lui, répandant une suite d'imprécations incohérentes. Et ma mère, à voix basse, tentait en vain de l'apaiser.

Deux jours plus tard, tandis que je m'étais rendu à l'école, il arriva m'y chercher. C'était un matin d'hiver, gris et glacial. Mon père comme d'habitude paraissait calme et doux. Une sorte de consternation religieuse régnait sur son visage, comme s'il venait d'éprouver un immense deuil. Il me prit par la main :

— Viens, mon petit, ordonna-t-il.

Nous nous arrêtâmes devant chez nous, au bord du trottoir. On annonça que le pont d'Orival avait été coupé, mais mon père sembla ne pas entendre. Bientôt, venant de Pont-de-l'Arche, les Prussiens débouchèrent. En tête marchaient des fifres et des tambours, qui répandaient tour à tour des sons aigres et des roulements sonores. Puis les Bavarois du général Manteuffel défilèrent lourdement, en rangs serrés, interminables... L'étonnement, la douleur, le mépris se lisaient tour à tour sur le visage des spectateurs. Personne ne parlait. On n'entendait que le martellement cadencé de ce flot humain, qui semblait devoir submerger toute la ville.

Soudain, des rangs ennemis, un grand gaillard à barbe rousse fit quelques pas vers nous et sourit. Et sa voix que je reconnus jeta :

— Bonjour, monsieur Cyprien !

C'était un ancien contre-maître de l'usine. Il levait

maintenant fièrement la tête, nous considérant en vaincus. Je sentis la main de mon père se crisper sur la mienne. Il fit un pas et cria :

— Salaud !

Mais déjà l'Allemand avait rejoint son rang et les voisins s'interposèrent pour nous éviter des désagréments. L'affaire n'eut pas de suite. Toutefois, dès ce jour-là, nous eûmes cinquante de ces soldats à loger et une vingtaine à nourrir.

Ces hôtes détestés étaient devenus le centre de nos préoccupations. Mon père refusait de se mettre à table avec eux et ne pouvait se retenir de les invectiver. Il fallait alors que ma mère arrangeât les choses, expliquant ces colères spontanées par des causes invraisem-

Ma première communion
(1871).

blables. Ces soldats d'ailleurs n'étaient pas méchants. Les uns se désolaient de nostalgie ridicule, pleurant leurs parents comme des enfants. D'autres parlaient de leurs fiancées lointaines ou apprenaient à prononcer le nom des jeunes filles du voisinage. Sans doute ajoutaient-ils de robustes plaisanteries, car ils éclataient d'une joie intarissable, à laquelle je ne comprenais rien.

Un soir, mon père raconta dans l'intimité une histoire dont je me souviens encore, tant il prit de plaisir à nous la répéter. Le général Manteuffel avait, paraît-il, manifesté le désir d'être reçu par Mgr de Bonnechose, à l'archevêché de Rouen. Mais ce prélat lui avait fait répondre à peu près ceci : « Je possédais, monsieur le général, deux chevaux alezans que vous avez fait réquisitionner. Veuillez tout d'abord me les rendre. Je vous recevrai ensuite. » Je ne sais ce qu'il en est advenu, mais l'anecdote avait réconforté mon père et cela suffisait à nous mettre en joie.

Lorsque revint le printemps, les Allemands sortirent faire l'exercice et nous allions quelquefois les voir, place Lecallier. Un jour que j'y passais avec mon père, nous vîmes des soldats punis attachés contre les arbres, la tête renversée, et une baïonnette placée sous le menton. Au moindre mouvement, ils se seraient cruellement blessés. Enfin, un sous-officier vint les délivrer et gifla l'un d'eux qui ne se hâtait pas de retourner à l'exercice.

— Vous ne feriez pas cela à un Français, ne put retenir mon père.

Un jeune officier entendit cette remarque.

— En effet, répliqua-t-il simplement, mais, pour les nôtres, c'est là la seule méthode efficace.

Nous finîmes par nous habituer à la présence de ces Allemands et au moment de leur départ, j'avais repris mes chères habitudes d'avant-guerre. Mais mon laboratoire, devenu insuffisant, avait été déménagé. Mon père

Louis Payen, professeur de violon.

m'avait cédé un grand local dans un bâtiment attenant à l'usine. On y avait jusqu'alors visité les tissus par transparence, et le jour entrait par une grande baie vitrée. Il me fut ainsi possible, plus tard, d'y installer un atelier de pose pour la photographie. Pour le moment, je poursuivais mes expériences, m'occupant uniquement de science et de musique. Je prenais main-

tenant des leçons de violon chez M. Payen, rue aux
Ours, à Rouen. Cet artiste faisait partie de l'orchestre

Caricature de Louis Payen.

du Théâtre des Arts et avait épousé une jeune femme
dont le sourire me ravissait. Lui-même, petit et chauve,
pouvait être excellent musicien, mais ses leçons étaient
d'une monotonie désespérante. Si je n'avais aimé

passionnément mon violon, sans doute mon professeur
m'aurait-il rapidement découragé !

Mais tandis que je vivais heureux et tranquille, un
drame mystérieux s'accomplissait lentement autour de
moi, et sans qu'il me fût possible d'en réaliser toute
l'étendue. L'usine de mon père occupait de moins en
moins d'ouvriers : la guerre, le chômage, la malchance
peut-être aussi, avaient cruellement atteint la fabrique
jusque-là si prospère. Mon père, devenu plus rare,
s'enfermait dans son bureau toute la journée et souvent jusque très avant dans la nuit. Il ne faisait plus
parmi nous que de courtes apparitions, toujours accablé,
toujours triste.

La maison Cyprien Sanson périclitait.

LE PROFESSEUR MASNOS

Lorsque j'atteignis ma treizième année, le pauvre
Mance aurait eu beaucoup de mal à reconnaître en moi
son élève. Je regrettais presque d'avoir perdu toute
trace de lui : que de tours ne lui aurais-je pas appris !
J'avais si bien travaillé que je me sentais de force à riva-
liser avec les plus fameux magiciens de l'époque, et,
le prestige de l'extrême jeunesse aidant, je passais à
Elbeuf pour une sorte d'enfant prodige. Dès l'automne
1873, ma réputation de prestidigitateur était solidement
établie, et une aventure toute fortuite m'avait prêté la

réputation d'accomplir certains sortilèges. J'avais
accompagné mon père à la chasse, et, au retour, nous
nous étions arrêtés pour dîner en nombreuse compagnie à l'auberge du Puits-Mérot, près de Saint-Pierre.
Comme il arrivait quelquefois, on me pria de distraire
la compagnie. Après avoir exécuté quelques tours de
passe-passe, je pariai que je ferais manger un domino à
un chien. Je montrai d'abord quelques morceaux de
sucre à l'animal et les lui jetai. Enfin, après lui en avoir
fait miroiter un plus grand que les autres, je l'escamo-
tai rapidement et lui envoyai un double six. Le brave
toutou le happa, et l'avala d'un trait. J'avais gagné.

Mais l'aventure faillit mal tourner. On séquestra le
glouton pour récupérer le domino disparu, car la pièce
manquante dépareillait tout un jeu. Lorsque Médor, le
lendemain, eut restitué la précieuse tablette d'ivoire, le
patron du Puits-Mérot accourut chez nous, consterné :

— Raoul, s'écria-t-il, qu'as-tu fait ? Le chien avait
avalé un double-six et c'est maintenant un double-blanc
qu'il a rendu. Ne l'as-tu point ensorcelé ?

En réalité, la peinture à la cire noire du double-six
avait simplement été rongée par le suc gastrique de
la pauvre bête trop gourmande. Mais l'aubergiste ne
pouvait en comprendre si long et il m'attribua des vertus
de sorcellerie dont je tirai tout bénéfice.

Quelques années plus tard, — en 1877 exactement —
une fête de bienfaisance fut donnée au théâtre d'Elbeuf
et l'on demanda à mon père l'autorisation de m'exhiber.

Il n'y consentit qu'à la condition que mon nom ne paraîtrait pas sur l'affiche et je choisis pour la première fois le pseudonyme de « Masnos », qui devait plus tard faire fortune. Cette soirée remporta un succès inespéré.

Mon portrait à quatorze ans.

Le jeune professeur Masnos fit des tours de cartes, puis il sortit d'un mouchoir six bocaux contenant des poissons rouges vivants. Le dernier bocal partit d'ailleurs comme il était venu, escamoté sous un foulard ! Vint ensuite la cage volante, l'omelette dans le chapeau de monsieur le maire, les pièces de cent sous tirées du nez des conseillers municipaux, de leur barbe et surtout du décolleté de leurs épouses. Le magicien brisa la montre de l'adjoint puis la lui rendit en parfait état, et, après le truc classique de la colombe et du lapin, termina la séance en faisant tomber une pluie de petits drapeaux de toutes les nations. Ce fut un triomphe sans précédent, tel que rarement un artiste en connut. A l'heure qu'il est encore, beaucoup de vieux Elbeuviens ne me regardent pas sans une certaine terreur. Pour eux, qui peut-être ignorent mon nom, je suis resté le professeur Masnos. Tous ce que j'ai pu créer depuis lors compte beaucoup moins à leurs yeux !

On parla tant de cette fameuse représentation que je fus invité dans toutes les familles, où l'on se vantait ingénument de m'avoir eu pour hôte ! Il est vrai que l'on était à cette époque plus friand de spectacles de ce genre que de n'importe quels autres. Un soir, chez un notable industriel de la ville, M. Charles Bazin, président des Prud'hommes, on exécuta de la bonne musique, puis je fis tourner les tables et accomplis mille autres miracles. Je ne rentrai que vers minuit. Quelques jours plus tard, je me rendis dans la même famille. La bonne m'ouvrit avec méfiance, et je l'entendis qui criait à la cuisinière de la maison :

— Hélène, serrez l'argenterie ; le *fusicien* est là !

Mais cette précoce renommée ne m'éblouit pas. D'autres préoccupations plus graves vinrent m'assaillir. L'usine déserte retentissait comme un caveau vide lorsque mon père désolé retournait seul y errer. Sa

Au second, mon laboratoire dans les magasins de mon père,
41, rue de Caudebec.

ruine était consommée, et tout mon art ne pouvait
remettre à flot les affaires sombrées. Cyprien Sanson

cessa de fabriquer des draps et se mit à vendre de la
laine et des déchets à ses anciens concurrents.

LE CACHE-ÉPOUTI

La fabrication mécanique du drap présentait à cette
époque un assez grave inconvénient : des parcelles de
paille demeuraient incrustées dans le tissu, et des
femmes devaient les enlever au moyen de fines brucelles.
Mais une fois l'épouti sorti, un petit trou demeurait,
visible souvent à l'œil nu.

Avant la guerre, un chimiste prussien du nom de
Floconnhaus avait inventé un produit permettant de
teindre ces petites pailles. Le drap y gagnait en qualité,
et les fabricants réalisaient une grosse économie de
main-d'œuvre.

Mais peu avant 1870, Floconnhaus avait subitement
disparu. On affirma plus tard qu'il n'était qu'un espion,
ce qui paraît assez vraisemblable. Quoi qu'il en soit, son
produit tinctorial avait rendu de réels services, et les
fabricants drapiers ne savaient comment le remplacer.

J'eus le bonheur de retrouver, dans l'usine aban-
donnée, des bouteilles contenant quelques restes du
liquide Floconnhaus. Je les analysai chimiquement
et parvins après de longues recherches à reconstituer
ce produit, puis même à l'améliorer. Ce fut un succès
inespéré. J'arrivais à fabriquer un litre de teinture pour

1 franc et je le revendais 12, 15, voire 20 francs. Mais mon ancien professeur du pensionnat Ouin-Lepage, le maigre et silencieux Pinchon, avait eu la même idée et était parvenu, lui aussi, à produire de ce précieux « cache-épouti ». Nous risquions d'entrer en concurrence, ce que je tenais à éviter. Force fut bien de composer, et nous nous partageâmes la clientèle. Mes bénéfices, quoique encore fort appréciables, s'en trouvèrent diminués de moitié, mais je conservai l'amitié et l'estime de mon vieux maître, ce qui m'importait plus que tout. De gros drapiers, notamment MM. Gérin-Rose, Lecallier et Delamarre se mirent alors à fabriquer des draps de fantaisie, et il fallut créer des teintes nouvelles dont le nom indique assez les subtiles nuances. C'étaient le gris-perle, le ventre-de-biche, le vert-billard, le bleu-de-France. J'adaptai mon produit aux exigences du jour, ce qui me permit, avec l'argent que je gagnais seul, de me monter un laboratoire complet. Je fis l'acquisition des meilleurs appareils photographiques qui existaient alors, ainsi que d'un grand microscope.

Mon père se montrait résolu à faire de moi un marchand de drap, espérant sans doute que j'arriverais à remonter un jour ou l'autre la maison qu'il avait créée. Il me plaça en apprentissage chez M. Baudoin, où je me spécialisai dans les questions du montage. Plus tard, je pris des leçons chez un Polonais, M. Mickiewich, le chimiste attitré de la maison Bucaille. Mais ce

malheureux mourut bientôt assez mystérieusement,
d'une piqûre de mouche, affirma-t-on, qui lui avait
communiqué le charbon. Lorsque mes connaissances
furent suffisantes pour m'assurer, le cas échéant, un
gagne-pain de toute sécurité, mon père me rendit la
liberté. Mais moi-même j'hésitais encore, ne sachant
si je me consacrerais à la science ou à la musique. Cinq
jours par semaine, je me rendais à Rouen, où je poursuivais de front mes études de chimie et de violon. Les
circonstances allaient décider elles-mêmes de mon sort.

DE LA COUPE AUX LÈVRES...

Car malgré la prestidigitation et le cache-épouti,
j'avais continué à suivre les cours du brave Payen.
J'étais assez avancé pour rendre moi-même son ensei-
gnement intéressant et nous procédions presque uniquement par conversations, ce qui me permit d'apprécier davantage les qualités de cet artiste si consciencieux.
J'avais d'autre part fait des débuts heureux, et parfois
comiques. Je jouais souvent chez les Bazin dont la ser-
vante m'appelait le *jusicien*, et où je rencontrais mon
ami d'enfance, Auguste Dorchain, le doux poète devenu
rapidement célèbre après la publication de sa *Jeunesse
pensive* et de son *Conte d'Avril*. J'avais fait valoir mon
talent dans plusieurs concerts. Et Payen, ayant fait
venir ma mère chez lui, avait soudain fait montre, à

mon égard, d'une admiration enthousiaste, que j'étais
assez loin d'attendre. « Madame, s'était-il écrié, votre
fils en sait maintenant autant que moi-même, et peut-

Mon portrait à dix-huit ans.

être sa virtuosité a-t-elle dépassé la mienne. La semaine
dernière, il m'a joué une fantaisie d'Allard, sur *La
Muette*, que je ne pourrais exécuter sans une longue
préparation. Confiez-le désormais à Gérard Hekking,
qui le préparera pour le Conservatoire ! »

Gérard Hekking, né à La Haye en 1844, était à ce

moment-là professeur de violon à Rouen. Son fils André et son neveu Gérard sont devenus deux violoncellistes aujourd'hui célèbres. Il vint deux fois par semaine me donner des leçons à Elbeuf, au 5 de la rue des Traites où nous avions élu domicile. Mon père, qui adorait la musique, se gardait jalousement de m'encourager à persévérer dans une voie qu'il devinait fertile en aléas. Je crus longtemps qu'il refuserait toujours de m'entendre. En réalité, chaque fois que j'étais appelé à me produire en public, il arrivait sans avoir prévenu personne, et louait une place au fond de la salle, où je ne pouvais l'apercevoir. Il m'écoutait, puis s'en allait tout heureux. Mais je ne connus que beaucoup plus tard ces joies discrètes que je lui avais données.

Tout n'allait d'ailleurs pas sans incidents, et je regrettais pour le laboratoire le temps que je consacrais à la musique, et pour la musique les heures nécessaires au laboratoire. Je m'étais mis aussi à travailler l'harmonie et à composer moi-même. Un joyeux intermède vint soudain égayer tant de labeur.

Je reçus un jour la visite d'un riche Auvergnat, installé depuis plusieurs années à Elbeuf, et qui préparait de somptueuses noces pour sa fille. Il arriva en sabots jaunes à bouts relevés et me demanda de jouer du violon à la messe, ce que j'acceptai. Puis il me pria de former un orchestre pour le bal.

— Bien, lui dis-je, je commanderai trois premiers violons et deux seconds.

— Comment, s'indigna-t-il, je marie ma fille unique et vous m'offrez des seconds violons ? Tant pis pour ce que cela coûtera, mais je n'en veux, entendez-vous, que des premiers !

Le mot fit fortune. Si cruel qu'il fût pour mon orgueil de musicien, je finis par en rire. Mais d'autres événements allaient survenir et qui faillirent compromettre toute ma carrière. Le soir du 25 avril 1876 je me préparais à accompagner ma mère au Théâtre des Arts, où l'on donnait *Hamlet*. Nous allions y entrer lorsque le feu y éclata. En quelques instants, tout l'immense édifice fut embrasé. Pressés par la foule, nous étions venus échouer à la terrasse du café Tillard, à quelques pas du sinistre. Je revois comme dans un cauchemar la toiture en flammes, les pompiers qui paraissaient minuscules opposés à tant de désastre, les blessés que l'on emmenait sur des brancards...

De l'endroit où nous avions été refoulés, je vis plusieurs personnes sauter par les fenêtres et s'abattre au hasard dans la rue, où l'on avait étendu des matelas. Quelques-unes furent tuées net. Le spectacle le plus tragique fut celui de la mort du régisseur. Ce malheureux était arrivé jusqu'à une fenêtre, trop haute pour qu'il en pût sauter. Il appela longtemps, jetant des cris atroces de douleur. Puis on vit le haut de son corps se pencher et demeurer inerte, suspendu sans vie au-dessus du vide : il avait été brûlé vif, et ses chairs se

carbonisèrent lentement devant des milliers de spectateurs impuissants.

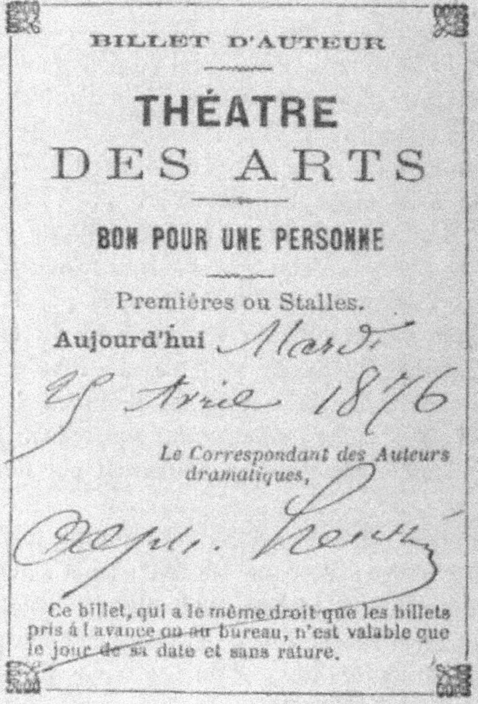

J'étais terrifié à l'idée de la mort horrible à laquelle
nous venions d'échapper, et ma mère m'entraîna hébété.
Dans la nuit qui suivit, j'eus une attaque de nerfs foudroyante. Je me roulai sur le sol en proie à des convul-

sions horribles. C'était la première de crises qui
devaient se renouveler souvent et qui, de longues années

L'une de mes premières photographies : le bénitier de l'église
Saint-Ouen à Rouen.

durant, allaient revenir me terrasser impitoyablement.
On me fit cesser tout travail, on me mit à l'hydrothéra-
pie, on me fit absorber de fortes doses de bromure. Mais
le mal paraissait incurable et le régime que je m'imposai

n'en vint à bout que lorsque j'atteignis la cinquantaine.

Après cette première crise qui m'avait atteint à l'âge de seize ans, mon activité se trouva quelque peu ralentie, mais non pas interrompue. Je pus, comme on le sait, me muer l'année suivante en professeur Masnos, tout en continuant mes expériences de laboratoire. Mais la musique devait définitivement l'emporter. J'eus la bonne fortune de jouer un jour devant le maître Massard, professeur au Conservatoire de Paris, et qui passait ses vacances à Villerville, dans le Calvados. Ce grand musicien, malgré son air bourru et sa réputation de sévérité excessive, m'admit d'emblée dans sa classe, et je partis.

Mais ce premier séjour dans la capitale fut de courte durée. Les crises nerveuses devinrent de plus en plus fréquentes et je rentrai bientôt désolé à Elbeuf. Il fallut recommencer à vendre du cache-épontì. Il fallut donner des leçons à ce même pensionnat Ouin-Lepage où j'avais été élevé. Il fallut enfin devenir violon solo du théâtre d'Elbeuf, et l'on comprend que c'était là un emploi plus honorifique que lucratif. Après le renoncement du Conservatoire, rien ne pouvait plus m'atteindre — du moins le croyais-je — tant j'étais abattu. Je me remis néanmoins à composer de petites mélodies et entrai le 3 mai 1879 à la société des Auteurs, Compositeurs et Éditeurs de musique, dont je suis aujourd'hui sociétaire pensionné. C'était là une petite consolation et qui me rendit quelque courage. A cette époque —

1877 — je rassemblai chez moi tous les musiciens de la ville et créai avec eux la Société Philharmonique d'Elbeuf.

Lorsque j'atteignis l'âge du service militaire, je pensai que j'allais être exempté. Mais on me déclara

Au régiment, en 1881.

apte tout de même et l'on m'incorpora à Laon. J'avais les nerfs plus malades que jamais, et la vie de caserne se traduisit pour moi par une suite ininterrompue de déboires. Je connus des heures de désespoir inexprimable. Enfin je fus réformé, et je partis brusquement pour la Belgique.

II

PREMIÈRES INVENTIONS

DU LABORATOIRE A L'ORCHESTRE

Je me trouvais, à la suite de ce coup de tête, dans la situation d'un homme tombé au fond d'un précipice, et qui s'acharne par tous les moyens possibles à remonter à la lumière. Une chance providentielle me sortit d'embarras. A Elbeuf, déjà, j'avais travaillé aux émulsions rapides au gélatino-bromure d'argent et j'étais entré, à ce propos, en relations avec le d^r van Monckhoven de Gand, ainsi qu'avec les laboratoires de Roulers et de Bruxelles. Je fus accepté comme photomicrographe à l'université de cette dernière ville. Un peu plus tard, en 1883, et de façon tout aussi fortuite, je fis la connaissance de M. Périer, le chef d'orchestre du kursaal d'Ostende, qui voulut bien apprécier mes talents de violoniste et de musicien, et m'engagea dans sa troupe. Ainsi, je cumulais les fonctions de micrographe et de violoniste, tirant parti des études que j'avais considérées jusqu'à ce jour uniquement comme délassement. Il

fallait d'autant plus me tirer rapidement d'affaire que
ma mère était venue vivre avec moi. Mon père, atteint
d'une maladie qui lui interdisait tout travail, la suivit

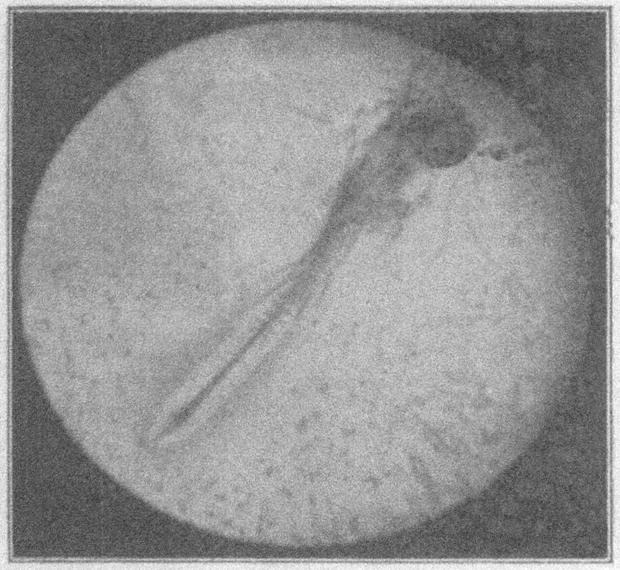

Une photomicrographie prise au laboratoire central de Bruxelles.

bientôt. En 1884, j'avais reconstitué en Belgique le
foyer abandonné, mais à mes frais. Et ce fut peut-
être la nécessité urgente de gagner notre vie qui me
poussa à cette époque à de premières inventions.

Je réalisai tout d'abord un nouveau procédé de gra-

vure chimique, dit *olographotypique*, grâce auquel on
pouvait obtenir le cliché d'un croquis sans en photographier l'original. En dessinant avec une pointe sèche
sur une *plaque Sanson*, enduite d'une légère couche
d'émulsion blanche se laissant enlever comme un feuillet
de papier, l'artiste formait lui-même son cliché négatif.
On le reproduisait sur zinc, à l'aide de gélatine bichro-
matée. Quatre-vingts minutes suffisaient pour obtenir le
cliché-métal. Mon ami Henri Pille, le dessinateur connu,
utilisa mes plaques pour la plupart de ses illustrations.

Presque en même temps, je faisais breveter un
microphone compensateur, ou téléphone transformé,
permettant aux courants d'induction de circuler dans
les câbles sous-marins. Puis vint l'*autophone postal*,
une amplification de la découverte de Bourseul, et qui
donnait la possibilité d'envoyer des phonogrammes
secrets. La voix humaine, dans l'appareil de départ,
était enregistrée sur une feuille de papier susceptible
d'être immédiatement enlevée et expédiée par la poste.
Placée dans l'appareil d'arrivée, cette feuille reproduisait immédiatement les paroles qui l'avaient frappée, en
rendant même très exactement le son de la voix.

J'ABANDONNE LA MAGIE

Mais ni le microphone compensateur, ni l'autophone
postal ne me rapportèrent quoi que ce soit. Je n'avais
ni le moyen de faire connaître ces inventions, ni celui

de les exploiter. Mes modestes analyses à l'usage des
pharmaciens, ma photographie et photomicrographie,

Un dessin de Pille, sur plaque Sanson.

mes cachets du kursaal d'Ostende me permettaient de
vivre et d'entretenir mes parents dans une certaine
aisance.

A ces ressources en apparence déjà si paradoxales,
vinrent bientôt s'en ajouter d'autres, celles que pouvaient me procurer les talents du professeur Masnos.
Le directeur du kursaal cherchait un prestidigitateur,
et M. Périer — quelle reconnaissance je lui dois! —
se chargea d'intervenir en ma faveur. Une séance
d'essai fut organisée. Je subtilisai le portefeuille du
directeur et lui emplis les poches de cartes sans qu'il
s'en aperçût. Puis je fis tourner les tables... Il n'en
fallut pas davantage : je fus engagé pour six années
consécutives. Par malheur, le kursaal n'était ouvert
que dix semaines par an. Mais elles suffirent à me rapporter de jolis bénéfices.

Ma réputation de magicien s'étendit rapidement. Je
donnai dans les lycées des séances fort bien rétribuées,
car j'expliquais après coup aux enfants les subtilisations
et apparitions qui leur avaient semblé miraculeuses. Je
parlais d'ailleurs assez peu, évitant avec soin tout dis-
cours qui eut pu ressembler à du bagout de charlatan.
Cette simplicité de procédé, possible aux seuls gens
habiles, attirait d'emblée la confiance. Lorsque le Musée
du Nord, un nouveau théâtre de Bruxelles, ouvrit ses
portes, j'en devins la principale attraction.

J'aurais pu persévérer dans cette voie : tout semblait
m'y pousser, et j'avais atteint à une incontestable maî-
trise. Mais ma réputation grandissante finit elle-même
par me lasser. Je compris, malgré toute la science et
l'habileté qui m'étaient nécessaires, qu'en me faisant

VILLE D'OSTENDE

GRANDE SALLE DU CASINO

SAMEDI 25 AOUT 1883

à 9 heures du soir

GRANDE SÉANCE DE

PRESTIDIGITATION ET DE SPIRITISME

PAR LE PROFESSEUR

RAOUL SANSON

ÉLÈVE DU CÉLÈBRE HERMAN

qui vient d'obtenir les succès les plus brillants dans les principaux Théâtres et Cercles de Paris.

PROGRAMME :

Première Partie	Deuxième Partie
Paraître et disparaître	*Transmission de la pensée*
Cartomancie	*Le foulard microscopique*
Les infiniment petits	*La mer noire*
L'influence du magnétisme	*La colombe*
La multiplication	*Les cartes magnétiques*
La double vue	*La montre et le pot de fleurs*
Les mines d'argent	*La pêche dans l'espace*
Un château géant	
La génération spontanée	

Troisième Partie

ÉVOCATION DES ESPRITS

LES ARDOISES SPIRITES

RÉPONDANT AUX QUESTIONS DES SPECTATEURS

Le Professeur RAOUL SANSON exécute tous ces tours sans l'aide d'aucun appareil.

PRIX DES PLACES : premières 3 fr., secondes 2 fr.

S'adresser au Kursaal pour les cartes prises à l'avance.

Le Professeur RAOUL SANSON se tient à la disposition des personnes qui désirent donner des soirées particulières ou prendre des leçons de prestidigitation, de magnétisme etc. — S'adresser au Kursaal.

Un double quatuor d'instruments à cordes se fera entendre pendant l'exécution.

Ostende, typo et lithographie de Jules Daveluy, 105, rue de la Chapelle.

prestidigitateur, je resterais toute ma vie comme en
marge de l'humanité, assimilé, dans l'esprit du public,
à Chocolat ou à la femme-serpent. Et cette pensée me
devint bientôt haïssable, comme si quelque mystérieuse
entité m'eût irrésistiblement attiré loin des tréteaux et
de la rampe. Je subis l'influence de mes amis, je me
laissai détourner de cette carrière qui s'annonçait bril-
lante. Mais il m'en coûta plus que je ne saurais le dire,
plus que l'on ne saura le comprendre. Je croyais cet
abandon définitif, et j'en éprouvais une sorte de regret,
presque de remords...

FLÈCHES DE TOUT BOIS

Il fallait vivre. Mes inventions ne pouvaient suffire,
et si je n'avais compté qu'avec elles, il y a longtemps
que j'aurais succombé de misère. Rien ne coûte autant
qu'un brevet à maintenir en vigueur. Les annuités se
chiffrent par milliers de francs. Et je suis titulaire de
quarante-cinq diplômes. Si j'en avais conservé la propriété, il me faudrait une fortune à leur consacrer sans
profit chaque année. Qui donc aurait tenté pareille
folie ?

Le procédé olographotypique, ma première invention, et qui permettait de graver un croquis en quatre-
vingts minutes, aurait pu me rapporter gros, à condition
d'être utilisé par un journal. Le *Matin* voulut bien,

PREMIÈRES INVENTIONS

Office fondé en 1850

par Mr. J.B.Cl-Mr. Defaid, ancien Directeur du Musée de l'Industrie de Bruxelles

Bruxelles, le 12 mai 189 4.

RACLOT & Cᵗ

REPRÉSENTANTS POUR LES BREVETS

24, rue de l'Évêque

coin du Boulevard Anspach

BRUXELLES

Prise des Brevets d'Invention

DANS TOUS LES PAYS

CONSULTATIONS LÉGALES

Jurisprudence Industrielle

MARQUES DE FABRIQUE

DÉPOT DE MODÈLES

ÉTUDES TECHNIQUES

COPIES

Direction du JOURNAL DES BREVETS

Abonnements : 3 francs l'an

Étranger : 4 francs

Adresse télégraphique :

RACLOT, BRUXELLES

Monsieur SANSON-GRIMOIN,

27 Avenue du Maine, Paris,

Nous avons bien reçu votre honorée du 4 courant
Voici le relevé de compte des annuités courantes de
vos brevets ainsi que le relevé de compte des deman-
des de brevet restant à payer :

        Allemagne------------------------frs. 175,-
        Autriche-------------------------frs. 100,-
        belgique-------------------------frs. 35,-
        France---------------------------frs. 110,-
        Espagne--------------------------frs. 75,-
        brevet allemand,-----------frs. 200,-
        patente provisoire anglise   150,-
        pat. def. angl. 4 ans--------frs. 300,-

                Total-----frs. 1145,-

Nous vous prions, Monsieur, de bien vouloir nous
faire parvenir les fonds par un prochain courrier.

Veuillez agréer, en attendant, nos salutations
bien empressées.

quelques années plus tard, tenter un essai, lors de la première de *Falstaff* à l'Opéra-Comique. Un dessinateur traça quelques attitudes de Mlle Delna, et à minuit le cliché était prêt à rouler. Ce fut un succès, mais sans lendemain. M. Edwards estima l'invention fort ingénieuse et M. Cornelis me félicita lui-même. Le compte rendu d'une représentation, avec les incidents de la soirée si fidèlement illustrés furent pour la première fois répandus le jour suivant dans le public. Mais je ne réussis néanmoins pas à vendre mon brevet. Un peu plus tard, MM. Marinoni et Cassigneul, du *Petit Journal*, me firent des offres dérisoires, que je déclinai. Une dernière espérance me fut donnée par M. Paul Ginisty. Cet excellent critique et littérateur se montra plus clairvoyant que les directeurs des grands journaux. Il songea à créer l'*Illustré Quotidien* qui fut mis sur pied grâce à l'appui du directeur du *XIXe Siècle*. Le premier numéro parut, rédigé par M. Paul Ginisty et illustré par Henri Pille et Courboin. Cette apparition faillit révolutionner toute la presse... Hélas, notre bonheur dura peu. Le matin même où l'*Illustré Quotidien* fut crié pour la première fois, je me rendis, je ne sais pour quel détail, à la rédaction du *XIXe Siècle*. En gravissant l'escalier, au 142 de la rue Montmartre, je rencontrai le gérant que deux inspecteurs venaient d'arrêter. Ce fut le coup de grâce. L'*Illustré Quotidien* en resta là, et le procédé olographotypique demeura à jamais perdu.

Dambé.   Verdi.

Fugère.   Mlle Delna.
Les croquis de *Falstaff*, publiés par le *Matin*.

D'autres revers survinrent encore. J'avais fait des
essais de tentures murales en *Papier dermaline*, à base

de cellulose. Le Grand Café Continental de Bruxelles, situé à l'angle de la place de Brouckére et du boulevard du Nord, fut entièrement tapissé de dermaline, lavable aussi facilement qu'un carrelage. Un de mes amis, l'ingénieur Bévenot, s'était emparé du nouveau procédé et avait commencé à l'exploiter industriellement. Mais les capitaux firent défaut et l'affaire sombra. Il y a peu d'années encore, entré solitaire et inconnu au Continental, j'en trouvai les parois couvertes de *mon* papier. La dermaline avait tenu bon. Mais je ne pense jamais sans tristesse à mon ami Bévenot, qui s'était donné tant de mal pour mettre au point mon invention !

Vers cette époque, Paschal Grousset, que mes efforts intéressaient, m'écrivait assez régulièrement. Sous le pseudonyme d'André Laurie, il avait publié un ouvrage fantastique, *Les Exilés de la Terre*. Mon ami Auguste Demeuré et moi en avions tiré une féerie en quelques actes, et qui devait prendre le titre non moins redondant de *Kadour, ou le Prince des Ténèbres*. Nous y avions intercalé, en plus des inévitables ballets, toute une série d'attractions extraordinaires, et dont l'élaboration ne pouvait être confiée qu'à un excellent prestidigitateur. Notre manuscrit fut présenté à M. Floury, le directeur du Châtelet, qui consentit à monter l'ouvrage tel que nous l'avions mis au point. Tout allait à merveille et j'écrivais déjà la musique de cette grandiloquente entreprise, comptant ainsi toucher à la fois des droits d'auteur et de compositeur. Mais M. Floury mourut au

1re ANNÉE — NUMÉRO 1. Le Numéro : 5 Centimes VENDREDI 15 SEPTEMBRE

L'Illustré Quotidien

Abonnement pour la France, la Corse et l'Algérie

RÉDACTION ADMINISTRATION & ANNONCES
29, rue du Croissant, PARIS

Abonnements pour l'Étranger et pays de l'Union postale.

CHRONIQUE

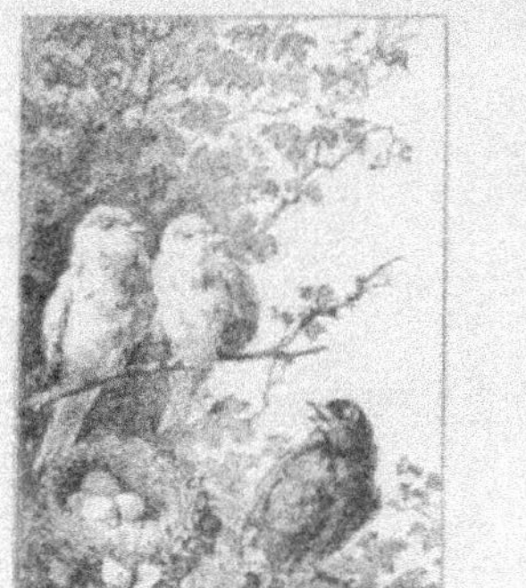

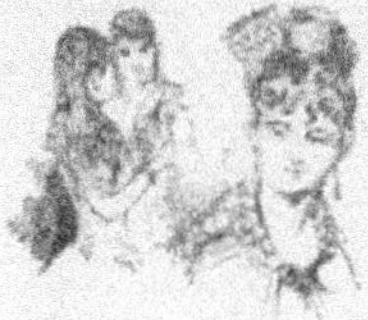

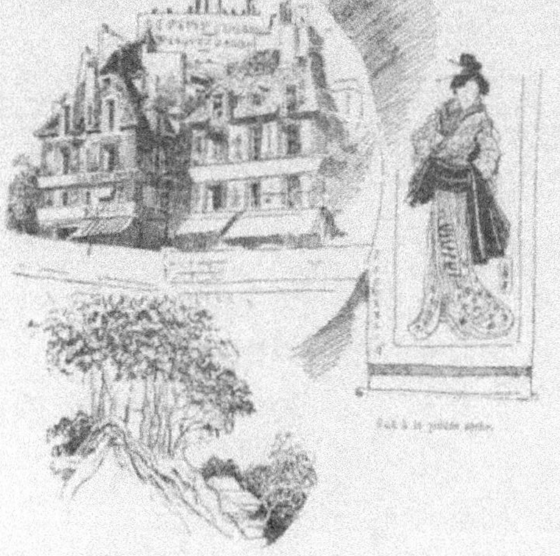

ACTUALITÉ

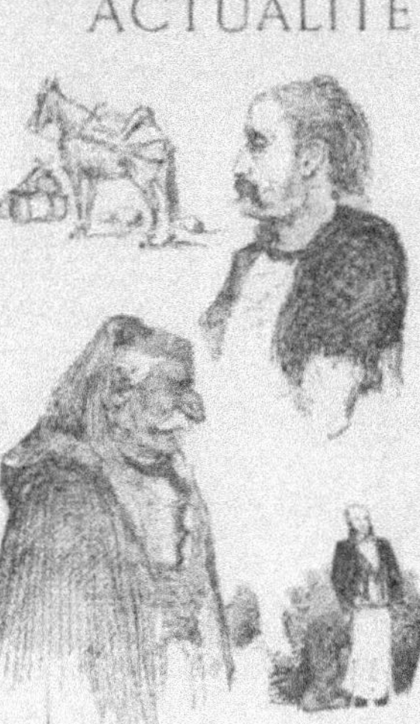

moment où les répétitions allaient commencer. Ses fils refusèrent d'accepter notre projet, lui préférant une « horreur » qui tomba au bout de quelques soirs. *Kadour* ne fut jamais joué, mais la partition et le livret en sont conservés intacts. Par malheur, Paschal Grousset et Demeuré sont morts.

Tous ces avatars ne me décourageaient pas. Plusieurs de mes amis déploraient de me voir me lancer à corps perdu dans tant d'aventures successives, convaincus qu'aucune d'elles ne pourrait me servir. Mais j'avais la foi de ma destinée. Il me paraissait absolument certain, malgré mes déconvenues à Paris et à Bruxelles, malgré tant d'illusions et tant de rechutes, que je finirais un jour par arriver. Je n'aurais certes pas su dire où : j'allais comme un mineur qui creuse sa galerie dans la nuit. Mais je croyais, je *savais* que j'arriverais quelque part. Même aux heures les plus sombres, alors qu'on aurait pu m'assimiler aux déshérités qui errent sans logis, je n'ai perdu ni mon assurance, ni ma gaîté. Une force mystérieuse, sorte de lumière intérieure, me guidait...

J'avais connu, d'ailleurs, même au temps des échecs que je viens de raconter, quelques satisfactions qui suffisaient à maintenir ma confiance. C'est ainsi, par exemple, que les éditions Lyon, de Bruxelles, m'avaient chargé d'illustrer un ouvrage remarquable. J'avais photographié notamment, dans ce but, tous les beffrois de Belgique. Cette besogne, fort bien rétribuée, m'avait demandé six mois de travail. Pendant mon absence, un employé me remplaçait dans mon laboratoire. D'autres de mes photographies furent utilisées par l'institut agricole de Roulers, qui me commanda d'importants travaux sur les graminées. Le professeur Héger, d'autre

Mon père, l'année de sa mort.

part, un physiologiste célèbre — le Marey belge — m'ouvrit les portes de l'université de Bruxelles, et, plus tard, Pasteur lui-même me remercia chaleureusement pour des agrandissements micrographiques que je lui remis

Et certaines de mes inventions connurent un sort heureux. Je pris un brevet pour une *lampe photogénique* triplant la puissance de la lumière. Un industriel belge me l'acheta, et ce furent quelques milliers de francs qui m'arrivèrent comme tombés du ciel. Et des travaux que j'avais entrepris pour la maison hollandaise Van den Elsoult sur la carburation de l'air pour fournir du gaz d'éclairage aux campagnes, réussirent à merveille. Ce fut une époque heureuse, mais qui dura peu.

Cette année-là, en 1888, mon père, malade depuis longtemps, déclina rapidement. Il succombait dans mes bras le 1er mai. Ce deuil me remplit d'une tristesse infinie, d'autant plus que le cher disparu avait quitté Elbeuf uniquement pour me rejoindre, et qu'il mourait pauvre et déraciné, presque en terre d'exil. Je le pleurai amèrement, m'accablant de reproches. Mais comment revenir sur un passé dont j'avais été si peu le maître ?

Le maire de Saint-Pierre-lès-Elbeuf, peu après, raviva malgré lui cruellement ma peine. Il m'écrivit que si je ne payais pas une petite somme que je devais encore sur la maison de mes grands-parents, l'ancien propriétaire, un habitant de cette commune, la ferait vendre. Ma vieille tante Maria, sœur de mon père, aurait alors été impitoyablement expulsée. Le maire, M. Pierre Heullant, qui se trouvait être le filleul de mon grand-père, finit par arranger les choses. Il fit accepter que ma dette de dix-sept cents francs fût payée par mensualités. Ma tante Maria conserva sa demeure.

où ma mère elle-même devait s'établir, plus tard, lors de son retour en France. Tout finit bien, mais j'avais passé par de belles transes !

C'est vers cette époque que je travaillai à un appareil que j'aurais appelé *téléphote* et qui aurait permis aux abonnés du téléphone, quelle que fût la distance, de voir la personne à laquelle ils auraient parlé. Je parvins après de longues difficultés à obtenir que l'on me prêtât, un dimanche, la ligne Paris-Bruxelles pour y tenter une sensationnelle expérience. Les résultats furent troubles : ces fils ne pouvaient que fort imparfaitement me servir. Les chefs de service qui avaient consenti à les mettre à ma disposition, pour un usage que l'on appela saugrenu, furent blâmés par leur direction. Il aurait fallu, pour poursuivre mes essais, que je fisse construire un poste téléphonique spécial, et le devis le meilleur marché, présenté par une maison de Paris, s'élevait à onze mille francs. Je ne pouvais disposer de cette somme et la ligne du téléphone ne servit jamais plus à des expériences privées. Le *téléphote* fut bientôt oublié... L'année suivante, je me consolai en vendant à la Russie un procédé pour le blanchissement de la pâte à papier, et qui me remit à flot pour un certain temps.

Plusieurs de mes travaux de micrographie parurent à l'exposition de Paris, en 1889. A cette occasion, je présentai une nouvelle formule de poudre, à base de liége, au ministère de la Guerre. J'attendis longtemps et me désespérai. Deux ans plus tard, une courte note m'arrivait enfin, précisant que ma formule était fort intéressante, mais que l'explosif obtenu semblait trop brisant pour les armes de guerre. Je ne fis que sourire : depuis longtemps je m'occupais de tout autre chose...

Je dois ajouter, pour être complet, que de cette époque datent plusieurs amitiés que je n'ai jamais oubliées. Je connus tout d'abord Célestin Deneuvillers, alors correspondant de *l'Intransigeant* et, grâce à lui, je me liai bientôt avec un jeune poète, Emile Verhaeren, que l'on commençait à citer comme une gloire. Souvent, nous allions ensemble, encore accompagnés quelquefois de nos amis Alphonse Carpentier — devenu sénateur — Paul Delanne, Lepage, Georges Lorand, député libéral et d'autres, à la maison du peuple où parlait Vandervelde, aujourd'hui ministre...

Verhaeren revenait m'accompagner jusqu'à mon laboratoire, et s'intéressait à mes inventions. Il s'animait en parlant de sciences et d'arts. Je jouais du violon et il disait des vers, des poèmes où passait ce souffle si mystérieusement passionné qui anime les *Villes Tentaculaires*... Une affection spontanée nous attira l'un vers l'autre, une de ces affections que la mort seule peut interrompre...

COLLABORATEUR DE BERTILLON

Mon ami Paschal Grousset, l'auteur des *Exilés de la Terre*, me présenta un jour à Alphonse Bertillon, le célèbre directeur de l'identité judiciaire à la préfecture de Police de Paris. Bertillon, de son côté, avait entendu parler de certains de mes travaux. Il me fit visiter ses installations. Quelques jours plus tard, nous travaillions côte à côte. La tâche qui m'était dévolue consistait à réorganiser de fond en comble le service photographique, jusqu'alors fort primitif.

Pendant près de deux mois, je m'occupai avec ferveur d'anthropométrie et de classifications de fiches. Bertillon, pour rendre plus efficace sa méthode, songea alors à la répandre dans toutes les capitales, afin de pouvoir transmettre le signalement exact des criminels d'un pays à l'autre. Il me demanda de commencer par la Belgique, et je partis pour Bruxelles dans l'intention d'y créer un service d'identité judiciaire pareil à celui de Paris. J'entrai en relations avec M. Willemans, procureur du roi, qui me demanda de mensurer certains prisonniers mystérieux, et qui venaient apparemment de France. Quarante-huit heures plus tard, leur véritable nom nous était communiqué, ainsi que leur dossier. Cette célérité, qui semble aujourd'hui l'enfance de l'art, parut alors merveilleuse et la presse s'empara de l'événement, l'accompagnant de nombreux commentaires.

Le *Figaro* du 24 février 1892, entre autres, disait :

Bruxelles va être doté d'un service d'anthropométrie à l'instar de Paris. Grâce à cette circonstance, M. Raoul

PARQUET
DU
TRIBUNAL DE 1re INSTANCE
SÉANT
À BRUXELLES

1re Chambre

No .....

Rappeler dans la réponse le numéro
et la signature de la présente.

ANNEXE

Bruxelles, le 26 Novembre 1891

Monsieur,

Comme suite à la demande que vous m'avez faite d'établir au parquet un service de photographie et d'anthropométrie par le procédé de Mr Bertillon, et afin que je puisse apprécier la suite que cette demande comporte, j'ai l'honneur de vous prier de me faire savoir quelles sont les conditions pécuniaires auxquelles vous pourriez assurer le service des signalements d'une façon complète et régulière. Veuillez me donner à cet égard des détails par écrit et me soumettre vos calculs tant pour les frais de premier établissement que pour le salaire de vos aides et votre propre rémunération.

Agréez, Monsieur, l'assurance de ma parfaite considération.

Le Procureur du Roi

[signature]

À Monsieur Raoul Sanson
Chimiste Photographe
16 - rue Paul Devaux

Sanson, autrefois attaché au service de M. Bertillon, à la préfecture de Police, actuellement domicilié en Belgique, a donné à la police belge l'idée d'adopter un système dont l'utilité n'est plus à démontrer. Les expériences ont été concluantes et ont fort étonné nos magistrats. Dernièrement, un quidam était pincé pour je ne sais plus quel méfait. On soupçonnait un malfaiteur de profession, sans pouvoir obtenir aucun indice qui permît de constater son identité. Il donnait un nom invraisemblable, se disait natif de Madagascar et refusait toute autre explication. M. Sanson, consulté, répondit : « Laissez-moi tenter un essai ». Et, ayant procédé aux mensurations, il adressa une note au bureau de Paris. La réponse ne se fit pas attendre : elle contenait le portrait du bonhomme, et son dossier y était annexé. « Vous prétendez vous appeler un tel, lui dit le juge à brûle pourpoint, et être natif de Madagascar. Or voici vos nom et lieu de naissance. »

Il y ajouta quelques particularités révélées par le dossier. Tête du Malgache !

Voilà les bienfaits de l'anthropométrie. Ils seront fort appréciés en Belgique, mais point par les malfaiteurs, qui y trouveront nécessairement une diminution de leurs garanties d'impunité.

Mais un magistrat, en Belgique, ne peut être que Belge, et j'étais Français. Le procureur du roi, homme fort gracieux au demeurant, tourna la difficulté.

— Si quelqu'un d'ici, me dit-il, connaissait l'anthropométrie, je me verrais obligé de lui confier ce service. Or personne ne la connaît. Force m'est bien de vous maintenir à votre poste...

C'était m'indiquer clairement que dès que l'un de mes collaborateurs serait à même de me remplacer, c'en serait fait de ma situation — situation d'ailleurs fort précaire. Je n'avais pas de salaire fixe, mais j'étais payé au cachet et à la vacation. On ne m'envoyait en outre mensurer un détenu que lorsque l'on n'arrivait pas à l'identifier. Ce système était d'autant plus défectueux que je demandais sans cesse des renseignements à Paris, sans pouvoir, en échange, en fournir de sérieux. Il aurait fallu anthropométrer tous les prisonniers, mais je ne pus l'obtenir, ni du procureur du roi, ni du procureur général van Schoor. Bertillon se fâcha, et j'en fis autant. Je démissionnai, résolu à rentrer définitivement en France.

Plus tard, les autorités belges reconnurent leur erreur et décidèrent que tout homme tombé dans les mains de la police serait passé à l'anthropométrie. On voulut alors me rappeler. Mais il était trop tard ; pour rien au monde je n'aurais repris une besogne que l'on m'avait fait injustement abandonner.

Ordonnance.

« NOUS » RENTRONS EN FRANCE

J'arrivai donc à Paris. où j'étais résolu à m'établir toutd'abord comme photographe. Une vague appréhen-

sion me hantait, car après avoir tant travaillé, je me
trouvais exactement dans les mêmes conditions qu'en
partant : aucun de mes différents métiers ne m'avait
procuré de situation stable, et je pouvais me demander
jusqu'à quand se prolongerait cette incertitude. Mais
ce fut le doute d'un instant. Je redevins d'autant plus
rapidement moi-même que je n'étais plus seul. J'avais
trouvé la compagne qui devait me seconder pour le
reste de mes jours.

Je demande au lecteur l'autorisation de ne pas insis-
ter : ce n'est pas un roman que j'écris ici, et je sais trop
que l'attendrissement, s'il n'est traduit par une forme
littéraire parfaite, ne sait provoquer que des impatiences
ironiques.

Je me suis marié en 1891 à Bruxelles, et M. Charles
Rolland, un Français, président de la chambre de
Commerce, me servit de témoin. Ma femme vécut
depuis lors à mes côtés, sans perdre un instant confiance, des heures que je n'hésite pas à qualifier de tragiques. La vie errante, la vie tourmentée qu'elle sup-
porta aurait découragé les plus vaillantes. Elle connut
des revers et des privations, et n'a même pas goûté
tout entière la réparation si longuement escomptée.
C'était notre destinée. Le succès le plus indiscutable de
ma carrière n'a fait que de nous effleurer, passant
insoupçonné à côté de nous, et elle m'a pardonné jusqu'à cette pire malchance. Elle fut pour moi tout ce
qu'une femme peut être pour un homme, tour à tour

épouse, collaboratrice, amante et conseillère. Je sais
que je lui dois tout. Nous pouvons aujourd'hui feuilleter avec sérénité le livre de nos souvenirs, car nous

Ma femme en 1891.

avons atteint cet âge où l'on renonce aux vanités faciles.
Je ne formule pour elle qu'un désir, et c'est de lui consacrer toutes mes forces, et mes dernières joies, et
mon suprême sourire...

JOURS DE FAMINE

J'étais arrivé à Paris muni uniquement de mon violon et de mon microscope. Les objets et instruments hétéroclites qui peuplaient mon laboratoire et mon atelier de photographie, sans parler de mon nécessaire d'anthropométrie et de ma musique, remplissaient tout un wagon. Il fallait attendre, pour déménager tant d'encombrante « richesse », d'avoir trouvé un local où la réunir. Je descendis, en attendant, à l'hôtel Molière, et je revois la petite chambre où nous avons passé, ma femme et moi, tant d'heures difficiles. Je commençai par me créer quelques relations et me mis à la recherche d'un atelier. Je ne trouvais rien. L'hôtel nous coûtait peu de chose, et nous nous contentions d'un repas quotidien, le plus souvent pris chez Gitard, rue Richelieu. Mais nos ressources s'épuisaient, sans que je parvinsse à les renouveler. Nous avons connu cette angoisse effroyable de ne pas savoir de quoi nous mangerions. La faim est une compagne odieuse, et la torture morale qu'elle entraîne dépasse sans doute toutes les autres. Je me souviens de certains jours où nous nous nourrissions de quelques grappes de raisin. Ma femme se contentait de plaisanter, devinant ma détresse. Je me sentais l'âme d'une bête traquée et des révoltes effrénées traversaient ma pensée. Il arriva enfin que le propriétaire du garde-meuble exigea d'être payé et je recourus à la dernière ressource : je vendis mon microscope. C'était un Zeiss magnifique et que j'avais payé deux mille francs à Bruxelles. On m'en offrit cinq cents francs. Mais il fallait de l'argent, et je le bazardai. C'était le répit pour quelque temps.

Malgré toutes nos économies, ces cinq cents francs s'épuisèrent vite. Alors je me souvins que j'étais membre de la société des Auteurs et Compositeurs, et que depuis longtemps je n'avais plus touché de droits. Je me rendis donc au 19 de la rue Montmartre, où j'entrai « négligemment, en passant, pour voir où en étaient les choses... ». Le caissier — c'était M. Henri Lévêque et je lui devais bien de conserver son nom — me remit plus de cent trente francs. On comprendra sans peine quelle joie j'éprouvai !

J'appris enfin qu'un fort bel atelier de photographie était disponible dans l'immeuble des bureaux de *l'Intransigeant*, rue Montmartre. Mais il m'était impossible d'en payer d'avance le prix de location. Le directeur du grand journal du soir, Ernest Vaughan, qui m'estimait, me dit :

— Allons voir Lalou, c'est lui que cela regarde.

Il plaida si habilement ma cause que Lalou consentit à me recevoir.

— Bien, conclut-il, qu'il entre. Il paiera s'il peut.

Pour payer le garde-meuble, je vendis mes derniers bijoux et mes plus précieux souvenirs. J'aurais pu, il est vrai, consentir à hypothéquer la vieille maison de

Saint-Pierre, où ma mère s'était réfugiée. Mais j'aurais
cru commettre un sacrilège, et je redoutais pour elle
toute forte émotion. Et je savais, surtout, si j'étais venu
à manquer, qu'elle serait morte de faim. Mieux valait
se tirer d'affaire en se privant soi-même !

JOURS DE BOHÈME

Enfin je me mis à travailler, songeant avant tout à
racheter un microscope. Car, sans microscope, pas de
micrographie possible, — et c'était là mon plus grand
espoir. Je collaborai bientôt avec Marey, qui, à ce
moment-là, cherchait à décomposer, au parc des Princes,
le mouvement du vol des oiseaux. Une fois chargé le
« fusil photographique » du maître, on lâchait des
pigeons qui s'envolaient profilés devant un grand mur
blanc, qui n'existe plus aujourd'hui, et à la place duquel
s'élèvent, précisément, les bâtiments de l'institut Marey.
Mais il arrivait parfois que les pigeons se dérobaient,
passant hors du champ de l'objectif. Marey entrait alors
dans des colères folles, d'autant plus que nous ne pouvions nous tenir de rire !

À la même époque, à la Salpêtrière, nous étudiions
les émulsions photographiques et, surtout, la chronophotographie, c'est-à-dire la prise de vues animées,
qui me passionnait. Il y avait là Albert Londe, Marey,
Demeny, de Fontvielle, Imfroid — celui même qui devait
plus tard, amputé de la main à la suite de ses études

des rayons X, devenir l'un des plus émouvants martyrs
de la science. Nous cherchions, nous travaillions, nous
discutions. De cette époque datent des progrès reten-
tissants, amenés non pas, comme on pourrait le croire,
par le génie d'un seul, mais par l'ensemble des travaux
qui avaient précédé les nôtres. Une découverte est
bien plus souvent un résultat qu'une heureuse faveur
du hasard. Marey, par exemple, au parc des Princes,
tenait les éléments essentiels des deux plus grandes
inventions de notre époque. En décomposant le mouvement du vol des oiseaux, il établissait la possibilité
certaine de l'avion. En construisant son « fusil » et
divers chronophotographes qui paraissent actuellement si primitifs, il ouvrait la voie à l'appareil de
prise de vues, qui, plus tard, avec la perforation du
kinétoscope d'Edison — d'ailleurs empruntée à Emile
Reynaud — devait fatalement amener la cinémato-
graphie.

Mais n'anticipons pas. Nous vivions joyeux, presque
insouciants, sans cesse à l'affût de procédés nouveaux.
Cette vie ne manquait ni d'imprévu ni de pittoresque.
La plus grande question était celle du plus lourd que
l'air. De Fontvielle n'y croyait pas, et jurait cramoisi
de colère, affirmant que Londe et Marey perdaient leur
temps à poursuivre des utopies. Je croyais, moi, que
l'aéroplane ne tarderait pas à devenir la réalité mise au
point, quinze ans plus tard, par Santos-Dumont. Nous
passions nos nuits à discuter, à la façon des poètes

bohèmes. Et il fallait fermer toutes les portes, pour ne pas effrayer les voisins qui auraient pu croire à une bagarre !

Un soir, Londe et moi avions dîné au Chalet, sur le quai. En rentrant à la Salpêtrière, mon ami voulut atteindre des plaques déposées dans l'armoire. Il avait avancé la main et la retira avec un cri d'effroi, croyant l'avoir plongée dans un bain corrosif. Mais quels rires ! Il l'avait simplement posée sur une assiette où moisissait une côtelette dans sa garniture de petits pois. Nous avions là, comme aides, des infirmières, dont l'une, Clémence, avait été promue préparateur en chef. Elle avait la manie de cacher des provisions dans tous les coins, et de ne plus s'en souvenir ensuite. C'est à elle que Londe devait cette aburissante surprise.

DÉMÉNAGEMENT D'INVENTEUR

Je subsistais, à ce moment-là, du produit de mes analyses, et qui pourtant ne marchaient guère. Mon atelier de photographie chômait trois jours sur quatre. Il est vrai que je travaillais à mon appareil chronophotographique, qui accaparait mes meilleures heures. Mais l'apparition du kinétoscope d'Edison vint soudainement tout bouleverser.

J'en avais trouvé une description dans une revue scientifique et n'eus de repos que lorsque j'en possédai un exemplaire. Cette acquisition me coûta 650 francs : mes dernières économies, et même davantage, y passèrent, car je dus emprunter une partie de cette somme. Je possédai donc le premier kinétoscope arrivé en Europe — et que je conserve précieusement encore. Cet ingénieux dispositif réalisait parfaitement la synthèse du mouvement, mais visible, agrandie trois fois, par une seule personne penchée sur l'appareil. Je compris d'emblée, comme Demeny et comme Lumière, tout l'intérêt qu'il y aurait à pouvoir projeter ces vues animées. Je me mis au travail, portant en moi cette idée comme une mère son enfant. Par malheur, je ne trouvai ni le temps, ni le moyen de m'y consacrer entièrement.

Déjà, j'avais fort négligé la photographie et le laboratoire lorsque M. Lalou, devenu directeur de *La France*, exigea que je lui rendisse l'atelier qu'il m'avait prêté. Je me mis à la recherche d'un autre local, et en trouvai un rue de la Planche, dans ce quartier de truands où s'est transportée la cour des miracles. Tout allait bien. Mais le jour même du déménagement, un pneumatique vint me bouleverser : il m'annonçait que le propriétaire, un architecte, refusait de me recevoir, « car il ne louait pas aux inventeurs ». Je m'armai de tout mon courage et me rendis affolé chez lui. Je trouvai un homme intraitable, et qui, par surcroît, me reprocha de lui avoir célé une partie de la vérité.

— J'ai déjà vu, me dit-il, des gens s'enrichir avec les

inventions des autres, mais les inventeurs, eux... Non,
monsieur, n'insistez pas : je ne vous louerai jamais ma
maison !

— Pourtant, vous me l'aviez promise...

— Fort possible. Mais vous vous étiez bien gardé
de me dire que vous n'étiez pas seulement photographe...

Rien ne put le fléchir. Lorsque je revins rue Montmartre, ma femme lut sur mon visage le résultat de ma
démarche. Les déménageurs descendaient les derniers
ustensiles du laboratoire et bientôt leur voiture fut
prête à partir. Je pris mon violon et mon microscope,
— dont je ne me séparais jamais — et choisis un parti
désespéré. Les hommes d'équipe devinaient mon embarras et s'en amusaient. Mais lorsque leur chef comme
d'habitude demanda :

— Où allons-nous, patron ?

Je répondis :

— Suivez-moi.

Je pris la tête du convoi, et nous nous mîmes en
route. Je regardais à toutes les portes et à toutes les
fenêtres dans l'espérance insensée de trouver un appartement disponible. Et l'un des porteurs, s'adressant au
charretier, plaisantait avec l'accent du faubourg :

— Pas par là, dis ! pas par là : tu y tournes le dos à
Charenton !

Je l'aurais tué ! Ma femme refoulait avec peine ses
larmes. Avec cette douce autorité qu'elle sait parfois

prendre sur moi, elle me représenta que c'était là une tentative inutile, et que si le propriétaire de la rue de la Planche m'avait refusé son atelier, tout autre en me voyant arriver en si bizarre équipage en ferait autant.

Je me rendis à tant de sagesse et le déménagement alla échouer au garde meuble...

III

LE PHOTOTACHYGRAPHE

JE DEVIENS NOSNASKI

Je me trouvai alors dans la situation du héron de
la fable... Le limaçon, pour moi, se présenta sous
forme du métier de prestidigitateur, que je fus tout
heureux de retrouver après l'avoir dédaigné. Nous
étions revenus habiter à l'hôtel Molière, et cherchions
un nouvel appartement. Et comme à ce moment-là
venait de s'ouvrir, au Champ-de-Mars, une exposition
russe hippique et ethnographique, avec la participation
de « haras impériaux », je louai une concession et y
installai le théâtre du *Docteur Nosnaski*. « Nosnaski »
c'était le nom de Sanson retourné, avec, à la fin, le ki
susceptible de satisfaire à l'ambiance. Quant au titre de
docteur, on sait que la profession l'exige, et d'ailleurs,
comme disait Bouvard à Pécuchet, « il est bon de prendre la qualité d'ingénieur : cela vous donne des com-
modités ». Les affaires devinrent florissantes, car la

poudre de perlimpinpin restera toujours plus lucrative
que des essais de laboratoire. Je me divertissais fort

THÉATRE

DE

PRESTIDIGITATION & DE SPIRITISME

du Docteur NOSNASKI

RUE DE TIFLIS

Programme du Spectacle

PREMIÈRE PARTIE	DEUXIÈME PARTIE
1. Exercices Russes	1. Les Secrets des Fakirs
2. L'escrime à Moscou	2. Les Ardoises spirites
3. Les Infiniment petits	3. Évocation des Esprits
4. Une Expérience de Magnétisme	4. Les Esprits invisibles
5. La Fortune pour tous	5. Les Pouvoirs secrets
6. De Paris à Saint-Pétersbourg	6. Disparition
7. Pluie de fleurs	

Les Dimanches et Jeudis, grandes Matinées enfantines

de mon aventure et de la naïveté des Parisiens qui
s'exclamaient devant le « Russe merveilleux ». Je
savourai même cette joie de reconnaître un soir, dans
l'auditoire, deux célèbres concurrents, les frères Isola,

venus vérifier *de visu* la science de l'extraordinaire moujick...

C'est en vain, le lendemain matin, que ses admirateurs auraient demandé le d^r Nosnaski : je cherchais fébrilement un local à transformer en atelier et poursuivais, tant bien que mal, l'étude de la chronophotographie. Il me fut enfin donné de rencontrer un homme qui, s'il ne favorisait pas les inventeurs, du moins ne les persécutait pas. Il accepta de faire construire, moyennant une hausse appréciable du prix du loyer, un atelier de pose et un laboratoire dans l'un de ses immeubles, au 27 de l'avenue du Maine. En trois semaines tout fut achevé, et deux mois environ après l'exode de la rue Montmartre je me trouvais réinstallé, et mieux peut-être que précédemment.

LES PÉRÉGRINATIONS D'UN TABLEAU

Mais l'aménagement de notre demeure et notre installation elle-même avaient coûté fort cher. Et je continuais à payer les annuités de mes brevets. Il me fallut recommencer à vendre des pièces de mon mobilier pour faire face aux échéances. C'est ainsi par exemple que je me décidai à sacrifier un grand tableau, presque trop grand d'ailleurs pour notre appartement. Aidé par un ami, je l'enveloppai d'un immense morceau d'andrinople et nous partîmes en quête d'un acquéreur. La séparation du microscope m'avait paru autrement

cruelle que celle de cet encombrant objet d'art et ce
ne fut pas sans sourires que nous le hissâmes sur l'im-
périale de l'omnibus. Nos voisins crurent au premier
abord, en voyant apparaître cet étrange oripeau, qu'il
s'agissait d'un nouveau procédé de publicité. Puis ils
devinèrent une toile et se mirent à disserter sur sa
signification possible.

— C'est tout l'Ancien Testament...

— Ou le Saint Sacrement...

— En tout cas, pas le grain de millet !

Ces quolibets plus ou moins évangéliques ne m'at-
teignaient pas : j'en avais entendu d'autres. Enfin, rue
de Provence, nous arrivâmes chez un brocanteur qui
achetait des antiquités à l'usage des Américains. Après
avoir examiné à la loupe le chef-d'œuvre que nous lui
présentions il en offrit deux cents francs. C'était trop
peu, et je refusai. Rue Laffitte, on me proposa cent cinquante francs. Plus loin, cent vingt... Nous n'osions
plus continuer, crainte de voir notre marchandise perdre à chaque pas de sa valeur et décidâmes de revenir
rue de Provence. Le brocanteur, qui sans doute avait
fait suivre le tableau, nous accueillit de fort mauvaise
humeur et, cette fois-ci, il refusa tout net « cette croûte
que nous avions balladée partout » ! Nous regagnâmes
désespérés notre logis, et peut-être bien, ce jour-là, des
raisins firent-ils une fois de plus les frais de notre menu.
Mais, le lendemain, comme si notre toile avait été
frappée de magie, nous la vendions cinq cents francs

à un antiquaire de la rue de Châteaudun venu tout exprès la voir. Et c'est lui, par surcroît, qui se chargea du transport!

Il nous est arrivé d'ailleurs, à ce moment-là, plus d'une joyeuse aventure. Un dimanche matin, comme s'ils avaient flairé mon absence, quatre militaires s'arrêtèrent à ma porte, demandant à poser. Ma femme les reçut, les aligna devant l'objectif, prit une plaque au hasard et pressa le déclic... Ces braves soldats — c'est le cas de le dire — voulurent payer d'avance et se retirèrent à grand bruit dans l'escalier. Lorsque je développai la plaque, le lendemain, elle ne portait que trois fantassins, et encore avaient-ils la moitié de la tête enlevée! Je leur écrivis que je n'étais pas « entièrement satisfait » de l'épreuve obtenue et que je les priais de bien vouloir venir se prêter à un second essai. Ils se présentèrent, en effet, tout aussi soumis le dimanche suivant, et — clients adorables! — se proclamèrent très touchés de ma conscience professionnelle. Au moins, cette fois-ci, les clichés furent-ils excellents...

LES PROJECTIONS ANIMÉES

Mes essais de chronophotographie, malgré diverses aventures de ce genre, prenaient corps lentement. Il s'agissait, à vrai dire, de deux procédés indépendants à raccorder. Le premier consistait à transformer le kiné·

toscope d'Edison en appareil de projection. Le second consistait à créer un appareil pour la prise de vues animées susceptibles d'être ensuite projetées. Chacune des deux inventions ne valait pratiquement que par

Premier appareil, perfectionné en 1895.

l'autre. Réalisées isolément, elles seraient demeurées stériles, ou, plus exactement, vouées à la presque inutilité.

Dès mars 1895, le premier de ces résultats fut acquis, car j'avais construit un appareil permettant de projeter agrandies les images mobiles du kinétoscope. La bande pelliculaire ne mesurait que dix-huit mètres, et s'enroulait sur une bobine de bois. Les vues entraînées par une roue dentée passaient devant une petite fenêtre qui recevait la lumière captée d'une forte ampoule, renforcée encore par un condensateur dans le genre de celui d'Edison. L'intermittence était obtenue par un mécanisme ressemblant aux anciens échappements d'horlogerie, commandée par un excentrique. Une roue à encoches, déclenchée par un ressort, faisait glisser la bande très rapidement, et de façon à ce que le temps de repos fût une fois et demie plus long que celui de marche. Mais je n'obtenais ainsi que des tableaux d'une surface d'un mètre cinquante sur quatre-vingt-dix centimètres, et, à franchement

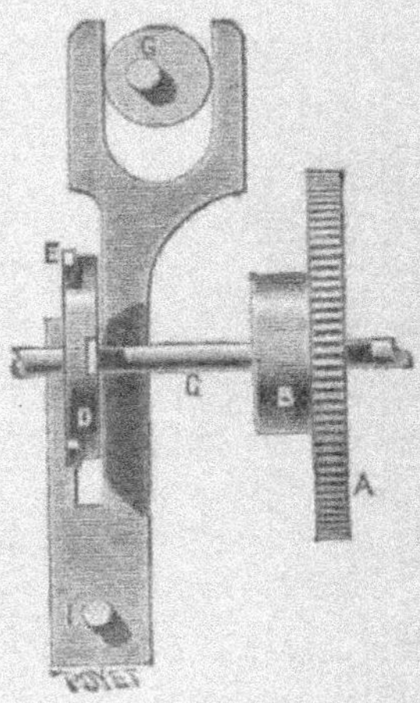

Premier appareil à échappement (mars 1895).

parler, ces projections n'étaient agréables ni à regarder, ni à entendre. Elles papillotaient tant qu'elles en blessaient la vue, et le mécanisme à main de la machine produisait un bruit formidable. L'obturation était trop lente, de même surtout que la succession des images, car il n'en pouvait passer plus de quatorze à quinze à la seconde, tant la manivelle était dure et fatigante à manœuvrer. Il me fallut de longs mois de

labeur et de recherches, concrétisés par plusieurs
appareils successifs, avant d'arriver à une projection
plus liée, et surtout plus nette.

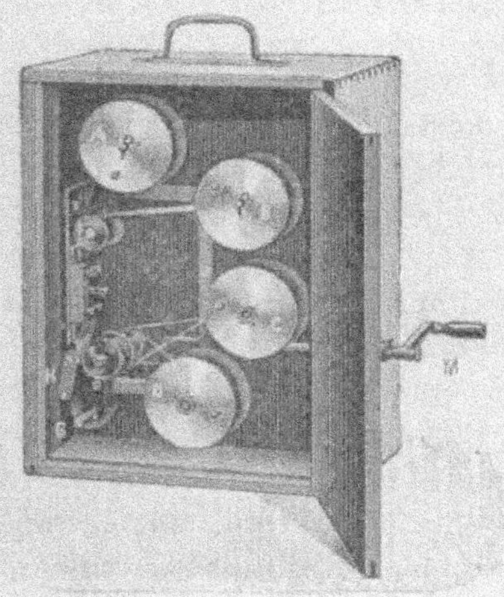

Machine à tirer les positifs du phototachygraphe.

A. Bobine contenant le négatif. — *B.* Bobine contenant le positif
à impressionner. — *C.* Bobine recevant le positif impressionné. —
D. Bobine recevant le négatif. — *E. F.* Cylindres entraîneurs. —
G. Ressort. — *H.* Compresseur. — *M.* Manivelle.

Enfin, à l'automne 1895, j'obtins un appareil viable
que je baptisai le *phototachygraphe*. Le temps de lumi-
nosité était deux fois et demie plus long que celui de
l'obscurité, le papillotement avait presque disparu, et
le temps d'échappement, c'est-à-dire celui nécessaire à

la substitution d'un cliché à un autre, se trouvait
considérablement réduit.

UN COMMANDITAIRE EXIGEANT

Mon appareil pouvait déjà servir, et je songeai
immédiatement à le faire construire en série. Dans ce
but, un marchand de confections du faubourg Montmartre, M. Freygefond, dont la maison portait comme
enseigne « A la ville de Londres », s'offrit avec l'un de
ses associés pour me procurer des fonds. Les pourpar-
lers se prolongèrent plusieurs mois, et M. Freygefond
remettait de quinzaine à quinzaine l'entrevue décisive.
Enfin, il arriva avenue du Maine et je lui présentai, sur
écran, l'une des vues faites pour le kinétoscope d'Edison. C'était un petit dessin animé, mais assez niais,
représentant une ballerine dansant en tutu tandis qu'un
mandoliniste jouait assis auprès d'elle. M. Freygefond
demanda à voir cette vue une seconde fois.

— Maintenant, me dit-il, je voudrais que le mandoliniste dansât avec la jeune femme. Alors je verserai
une action de 25.000 francs...

Je cherchai vainement à lui faire comprendre que le
motif du dessin ne pouvait changer. Il s'obstina et
partit déçu, sans rien souscrire. Le plus curieux, dans
cette affaire, c'est qu'à l'heure actuelle je ne sais encore
si cet étrange commanditaire inventait ce prétexte pour
ne pas fournir de fonds ou si vraiment il imaginait que

j'aurais pu faire se lever instantanément le mandoliniste assis.

Quoi qu'il en soit, je restais sans capital et je ne pus louer une salle où exploiter mon invention. Je ne crois pas que, pécuniairement, j'aurais gagné beaucoup, car le public s'intéressait assez peu à ce genre d'exhibitions.

TROP TARD !

Une chose demeurait certaine, c'est que l'appareil de projection était réalisé ! Il fallait maintenant, pour l'alimenter, mettre au point l'appareil de prise de vues. Ce fut tout aussi laborieux, car je ne pouvais poursuivre mes recherches qu'entre le temps que je consacrais à mon atelier de pose et à mes analyses chimiques, que je m'étais trouvé obligé de reprendre, elles aussi. J'avais remanié mon ancien appareil de chronophotographie, et lorsqu'il fut au point, je pris une vue animée de la Madeleine et une autre de la fontaine de la place de la Concorde. Mais ces deux premiers *films* — le mot ne fut importé que plus tard — ne mesuraient que vingt mètres chacun et duraient à peine une minute. J'arrivai néanmoins à les projeter, chez moi, et me proposais de les présenter au public. Nous étions en décembre 1895 et je mettais la dernière main à l'appareil de projection pour obtenir des vues aussi claires que possible. J'avais alors réalisé et construit un système d'échap-

pement par croix tétragonale — dite croix de Malte —
celui que tous les cinémas du monde utilisent aujour-

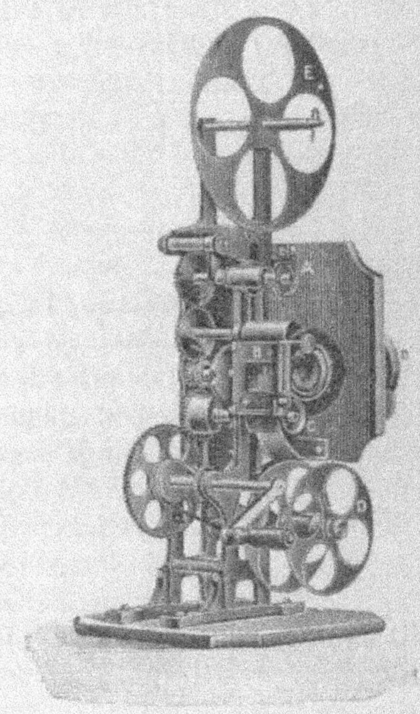

Projecteur du phototachygraphe à échappement par croix
tétragonale dite *Croix de Malte.*

d'hui encore. Mais un jour, Albert Londe arriva chez
moi tout bouleversé.

— Mon pauvre Sanson, s'écria-t-il, tu n'exploiteras

pas le premier! Lumière vient de débuter au Grand
Café. Vas-y donc voir!

Je m'y rendis le soir même, et je constatai que Londe
avait dit vrai. Le *cinématographe*, mon rival, avait com-

Mon appareil de prise de vues et projection.

A. Objectif à projeter. — *B*. Objectif à prendre les vues. — *C*. Bobine de débit. — *D*. Rouleau compresseur. — *E*. Fenêtre de projection. — *F*. Cylindre entraîneur commandé par la *Croix de Malte*.
— *H*. Bobine de réception. — *J*. Fenêtre permettant de projeter
avec l'appareil.

mencé d'amuser la foule. Lumière m'avait distancé de
quelques jours.

RÉSIGNATION

On pourrait croire que je demeurai consterné de cet échec. Il n'en fut rien. Sans doute suis-je rentré au logis le cœur gros, pressentant que le fruit de plusieurs années de travail était pour moi virtuellement perdu. Mais je me consolais en pensant que mes projections étaient de qualité supérieure. Les personnages de mes films, grâce au système d'échappement, marchaient normalement. Ceux de Lumière, mus par entraînement, sautillaient, avançant encore de secousse en secousse, comme des jouets mécaniques à mouvements décomposés. Je me remis dès le lendemain au travail et pus quelques jours plus tard convoquer chez moi, avenue du Maine, plusieurs journalistes qui constatèrent la supériorité de ma machine. Certains journaux signalèrent ce qu'ils appelaient à tort un *progrès*, car en réalité il ne s'agissait nullement d'un perfectionnement de ce qui existait, mais d'une invention toute différente. L'*Intransigeant*, par exemple, sous la signature de son rédacteur scientifique *Taleb*, me consacra le 25 février 1896 un fort bel article. Je dois à la vérité d'ajouter que personne, à ce moment — et moi pas plus que n'importe qui d'autre — ne prévoyait l'essor qu'allait prendre la nouvelle invention. Je pensais uniquement à la valeur éducative de mon phototachygraphe, et le destinais aux écoles professionnelles et aux universités.

Mais les inventions vont vite. De petits *scénarios* apparurent moins coûteux à réaliser que des vues de paysages
lointains ou des métamorphoses scientifiques ou indus-
trielles. Le public, déçu, ne pressentit ni qu'un vulga-

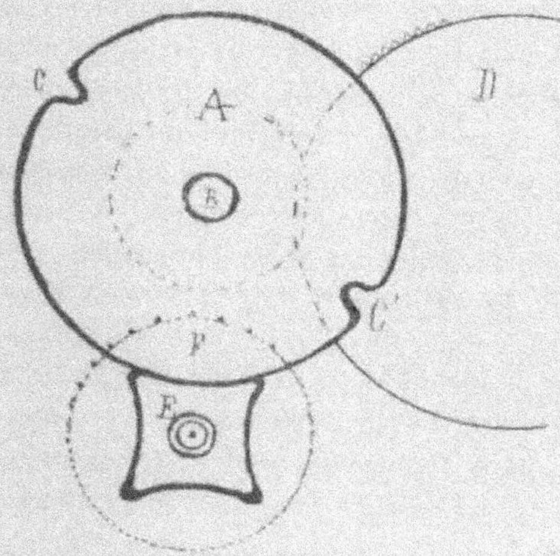

Échappement du phototachygraphe.

risateur incomparable venait de naître, ni qu'une forme
nouvelle de l'Art, loin encore d'être accomplie, allait
révolutionner les salles de spectacle et jusqu'à éclip-
ser le théâtre. Hélas, le cinématographe débuta au café-
concert et sur les champs de foire !

Surtout que l'on ne se trompe pas sur mes intentions.
Je ne récrimine pas. Et l'on ne trouverait dans ma pensée aucune amertune. Je parle du phototachygraphe

aussi paisiblement que de n'importe laquelle de mes inventions (j'en compte 45 aujourd'hui). Une nouvelle idée m'accaparait si entièrement que j'en oubliais toutes celles que j'avais pu suivre avant. J'oubliai jusqu'à ce désastreux retard. Je n'ai pas écrit ces pages pour revendiquer quoi que ce soit, mais uniquement pour fixer l'histoire complète de ma destinée si mouvementée. Il me suffit de savoir lorsque j'entre au cinéma qu'une part de cette merveilleuse invention est la mienne. Le reste ne m'atteint pas.

Je précise même, en toute impartialité, que si mon appareil de projection était de beaucoup supérieur à son rival, l'appareil de prise de vues de Lumière était meilleur que le mien. Et de même que la croix de Malte restera le procédé le plus avantageux pour l'appareil de projection, de même la *griffe* de Lumière (excentrique de Trézel) n'a pas été surpassée pour l'enregistrement des films [1].

JE DEVIENS COMMERÇANT

A cette époque, février 1896, je n'avais pas le loisir de laisser somnoler mes travaux et je cherchai à tirer parti

[1]. Consulter l'ouvrage de E. Frippet : *La pratique de la photographie instantanée par les appareils à main*, avec méthode sur les agrandissements et les projections, préface d'Albert Londe (Paris, J. Fritsch 1899), page 195 et suivantes. Consulter également la revue *Cinéopse* des 1ᵉʳ mai, 1ᵉʳ juin, 1ᵉʳ juillet 1923 (Paris, 73, boulevard de Grenelle).

de la nouvelle invention. Il fallait commencer par trouver des capitaux, mais personne, du moins au début, ne
voulut m'avancer un sou.

— Comment, me répondait-on, mettre des fonds dans
une affaire d'amusettes? Quelle plaisanterie! Vous
devriez comprendre que le public n'ira jamais s'enfer-
mer toute une soirée dans l'obscurité! Et avez-vous
songé à ce que coûteraient des films qui dureraient plusieurs heures? Nous sommes des gens raisonnables,
nous, et votre phototachygraphe ira finir à l'école
enfantine...

J'entrepris donc seul la construction de mon appareil. Avec les maigres ressources de mon atelier de
photographie et de mes analyses, je me procurai
quelques outils mécaniques, tours et perforeuses. Plus
tard, lorsque les commandes affluèrent, je montai un
petit atelier à Montrouge.

Je commençai par fournir l'Amérique, où l'un de mes
parents se rendit. Les villes de Chicago, Détroit, Bos-
ton et New-York furent les premières servies, mais les
douanes des États-Unis frappaient mes produits de
droits énormes, s'élevant à plusieurs milliers de francs.
Moi-même, je me rendis en Espagne, à Barcelone, où
j'installai mon invention et instruisis les hommes qui
devaient l'exploiter. Mais ce fut une entreprise extrême-
ment laborieuse. De midi à quatre heures, nul ne voulait travailler. Et le matin, et le soir, les ouvriers ne
faisaient pas grand'chose. Il me fallut quinze jours

pour monter un seul appareil à la Rambla Sancta
Monica! Un de mes beaux-frères, Edouard Allard,
entreprenait la même tâche en Belgique.

Les commanditaires — plus que jamais nécessaires — commencèrent alors à s'intéresser à la nouvelle industrie. Un parlementaire, entre autres, me fit
une avance de fonds et se fit fort d'obtenir des facilités
d'exportation. C'est à lui que je livrais les appareils, à
prix réduit. Hélas, bientôt j'appris qu'il les revendait
plus de dix fois la somme qu'il m'en donnait. Je lui in-
tentai un procès, qui se prolongea plus de huit mois.
Car mon commanditaire, à la fois député et avocat,
s'entendait à faire traîner les choses, et le temps que je
perdis à me débattre contre lui faillit compromettre ma
fragile entreprise. Enfin le jugement fut rendu et mon
bailleur de fonds s'entendit condamner à me verser
45.000 francs de dommages-intérêts. C'était plus que
j'avais espéré, et je me remis courageusement au
travail.

QUELQUES NOMS...

Des commandes françaises, entre temps, m'étaient
enfin parvenues. La maison Lumière livrait fort peu,
tenant à exploiter elle-même ses appareils.

M. Léon Gaumont s'était mis lui aussi à fabriquer les
appareils à came que venait de lancer Demeny. C'étaient,
cette fois-ci, des machines fort soignées et dignes de

leur inventeur. Les frères Pathé, Emile et Charles,
commençaient à livrer des appareils de toutes marques,
les miens comme les autres. J'avais fait leur connaissance au mariage de M. Paul Gaveau, qui avait été
célébré au Théâtre mondain de la Chaussée d'Antin.
Après le repas de noces, je fis marcher le phototachy-

Mon appareil de salon.

graphe, puis exécutai quelques tours de prestidigitation... Emile et Charles Pathé demandèrent à assister à
la représentation, ce que M. Gaveau autorisa. Ces deux
grands organisateurs avaient déjà lancé le phonographe
et c'est eux qui, plus tard, transformèrent le cinéma en
industrie mondiale.

Dès ce moment-là, je fournis une clientèle fort nombreuse : Pathé Frères, La Bonne Presse, les Lunetiers,
Demaria Frères, Dérogy, Eugène Faller, Georges

Mendel, Lapierre, Clément et Gilmer, d'autres encore.

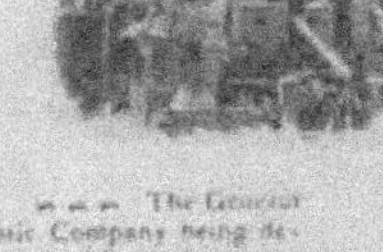

Programme distribué aux passagers de *La Bourgogne*
et de *La Bretagne*.

Et j'avais commencé à livrer un petit appareil de salon,
qui se vendait soixante-quinze francs !

Par malheur, je n'étais pas industriel, et il fallait des fonds énormes pour développer l'outillage et la publicité. Bientôt, toutes ces grosses maisons se passèrent aisément du petit atelier de Montrouge. M. Dal Piaz me chargea néanmoins d'installer le phototachygraphe sur les paquebots de la compagnie transatlantique, dont il était alors le directeur. Mais le premier bâtiment muni de mes appareils fit naufrage et ce fut une perte assez sensible, car ils n'étaient pas assurés. La compagnie refusa de me les rembourser.

— C'était à vous de les faire assurer, me répondit-on. Fortune de mer ! Nous ne renflouons pas le navire et n'avons par conséquent pas à remplacer vos appareils...

Je n'insistai pas. En mai 1896, par contre, s'ouvrit l'exposition de Rouen, où je fis la démonstration de mes appareils et obtins une médaille d'or. Les représentations quotidiennes données à cette occasion, — les premières à Rouen, — furent suivies par une foule énorme. Je rentrais en prophète dans mon pays !

Mais le démon des inventions recommença à me tourmenter. Ce phototachygraphe auquel j'avais tant travaillé m'apparut soudain incomplet, et je voulus le perfectionner. Une nouvelle idée m'était venue[1]...

---

1. Lire l'*Histoire du Cinématographe*, de Michel Coissac (Éditions du *Cinéopse* et Gauthier-Villars), pages 249 et 276.

IV

LE CINÉORAMA

—————

LE TOUR DU MONDE EN BALLON

Une nouvelle idée m'était venue, et qu'il me fallut quatre années pour réaliser. Le petit écran des cinémas me paraissait insuffisant pour mettre en valeur tout le parti que l'on pouvait tirer de la nouvelle invention. Je songeai donc à un écran circulaire, sur lequel il serait possible de projeter des vues panoramiques. Nous étions alors en 1896, et l'Exposition Universelle approchait. Je voulus en profiter pour lancer avec éclat cette vaste entreprise. Mais je compris bientôt qu'il faudrait une mise en scène, si sommaire soit-elle, pour frapper davantage l'imagination de la foule. Et je m'arrêtai au parti suivant :

Je fis les plans d'un vaste hall en forme de cirque, et dont les parois blanches, mesurant cent mètres de circonférence, serviraient d'écran ininterrompu. Le centre devait en être occupé par une nacelle immense de ballon munie de tous ses accessoires : ancre, cor-

dages, sacs de lest et échelle. Le plafond, constitué par
une draperie retombant en forme de panse, devait imiter

Vue intérieure du cinéorama. La nacelle et les projecteurs.

parfaitement l'enveloppe de l'aéronef, avec ses agrès,
ses attaches, son guiderope et son ouverture de sou-
pape. Dix appareils de projection, disposés en étoile,

ou, si l'on préfère, à la façon des cylindres d'un moteur rotatif d'avion, devaient être placés sous la nacelle. Un mécanisme central était prévu à la fois pour les actionner et les synchroniser, afin d'éviter

Appareils projecteurs du cinéorama.

entre les vues toute solution de continuité. Dès que le public, monté par de petits escaliers latéraux, aurait pris place dans la nacelle, l'obscurité devait se faire. Alors aurait commencé une merveilleuse ascension. Parti de Paris, le ballon devait tour à tour atterrir à Bruxelles, Londres, Barcelone, Tunis... Les films devaient projeter sur les parois des vues animées de ces villes et donner ainsi l'illusion d'une tournée de capitales...

C'était une entreprise gigantesque. Il fallait construire les dix appareils de prise de vues synchronisés, et partir tourner des films en Angleterre, en Belgique, en Espagne, en Afrique... Il fallait construire les dix appareils de projection et toute l'installation permettant de les utiliser efficacement. Il fallait enfin mettre sur pied un vaste cirque et disposer à l'intérieur la maquette du ballon. J'entrepris immédiatement toutes démarches utiles, et finis par aboutir...

Je pris l'année suivante — 1897 — le brevet du *cinéorama*, ou *cinécosmorama* ainsi qu'il fut tout d'abord baptisé. Puis je réunis le capital nécessaire à son exploitation, soit 400.000 francs. Le directeur de l'exposition, à lui seul, exigea 230.000 francs pour le terrain et le bâtiment. Le pourtour extérieur en fut sous-loué à des Alsaciens qui y installèrent la maison Kämerzell de Strasbourg. Son joli décor ne nuisait en rien au cinéorama et les administrateurs de notre société en tirèrent un profit appréciable.

Il fut nécessaire de créer des ateliers pour la construction si spéciale des vingt appareils nécessaires, et j'installai une petite usine au 23 de l'avenue de Châtillon. Je formai une équipe restreinte d'ouvriers, et arrivai en quatre mois à mettre au point l'installation pour la prise de vues. Les dix appareils enregistreurs étaient réunis sur un immense plateau, et trois hommes suffisaient à les manœuvrer, à la vitesse de seize images par seconde. Les appareils de projection furent achevés plus lentement, et pendant mon absence. On se servait alors de bandes pelliculaires de soixante-dix millimètres de largeur — le double de celles utilisées aujourd'hui. Un laboratoire spécial avait été installé pour traiter les épreuves négatives et positives. Il ne restait plus qu'à prendre les vues...

HORS-D'ŒUVRE

Pendant la durée de ces préparatifs, qui ne pouvaient suffire à absorber tout mon temps, l'atelier de photographie, le laboratoire et la petite fabrique de phototachygraphes de Montrouge continuèrent à produire, mais de moins en moins. Je m'occupai surtout, en effet, d'une expédition scientifique que se proposait d'entreprendre M. Rousson, l'explorateur de Madagascar. Je fus assez heureux pour réunir le capital nécessaire. Le général Gallieni, pour me remercier de cette initiative, me fit parvenir un beau parchemin, m'informant qu'il me faisait don d'une concession de quatre cents hectares, située, dans cette île, sur le côté est du Manampotsy, et qu'il avait baptisé cette petite terre du nom gracieux de Cinématorine. Mais un an plus tard, je fus sommé brusquement d'avoir à mettre en valeur, sans délai, au moins la moitié de la concession, faute de quoi elle me serait enlevée. Il va sans dire que ce n'était plus le général qui parlait sur ce ton, mais l'administration.

L'usine de l'avenue de Châtillon, sur film de 70 m/m de largeur.

Peut-être, sans le cinéorama, me serais-je décidé à partir.
Mais je ne pouvais renoncer à une entreprise déjà

poussée si loin et me décidai, sans même l'avoir vue, à vendre la Cinématorine. Ce ne fut pas sans regret, car l'idée d'aller vivre en Robinson sur une terre m'appartenant n'était pas pour me rebuter. Un acheteur se présenta, le pharmacien Robin, qui m'offrit cinq mille francs. L'affaire fut conclue. Et je n'entendis jamais plus parler de ce domaine ensoleillé.

Pour me rapprocher de l'exposition, je m'étais installé au 15 de l'avenue de La-Motte-Picquet. Je n'avais pas abandonné la musique, mais pensais davantage à la composition qu'à la virtuosité. C'est ainsi que j'écrivais de petits morceaux, que je faisais imprimer, et que j'envoyais à plus de trois mille chefs d'orchestre, à Paris, en province et à l'étranger. Ces petits droits d'auteur n'étaient alors certes pas à négliger !

Je m'étais entre temps lié avec un grand artiste, le sculpteur Just Becquet, ancien élève de Rude et grand prix du salon des Artistes Français. Excellent musicien lui aussi, Becquet venait deux fois par semaine chez moi et nous passions d'interminables soirées à faire de la musique de chambre. Le plus souvent, c'était la concierge qui venait nous interrompre, nous annonçant par téléphone que l'heure du silence avait sonné...

Je trouvai encore, dans mes loisirs, le moyen de mettre sur pied une autre invention, à laquelle je n'attachai pas grande importance. Elle valait d'ailleurs moins par ses applications éventuelles que par l'intérêt qu'elle présentait au point de vue mécanique. J'avais conçu,

en regardant les manéges des forains, l'idée de créer un
modèle de cheval articulé de la grandeur d'un poney,
et donnant l'illusion exacte du trot. Cette fantaisie me

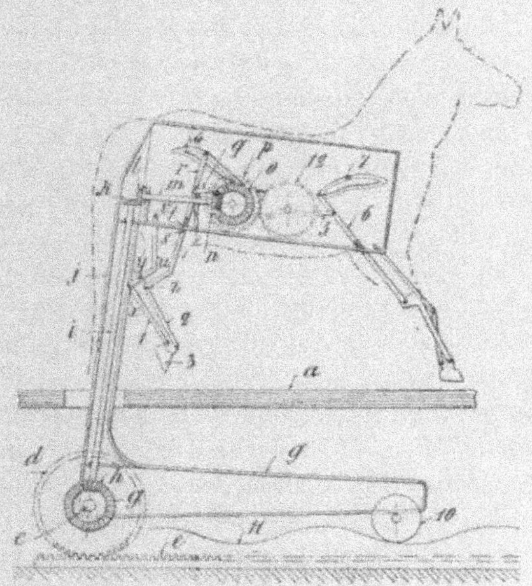

Mécanisme intérieur du cheval.

plat tant que je pris bientôt un brevet. Le mécanisme
animateur devait être masqué entièrement par la queue
du cheval, que l'on créa arabe pour satisfaire à cette
exigence.

Un sculpteur de talent. M. de Courval, de Charenton,

avait trouvé l'idée ingénieuse. Il construisit en bois une maquette impeccable, que l'on bourra de bielles et de ressorts. Le tout fut recouvert de la véritable dépouille d'un pur-sang. La tête en était magnifique, une crinière très fournie ondulait sur le garrot animé, une selle authentique complétait l'ensemble. Ma bête était destinée à une piste circulaire en bois, au-dessous de laquelle était installé un propulseur électrique. La force en aurait été communiquée à l'intérieur du cheval par l'arbre rotatif dissimulé dans la queue.

Mais seul un forain ou un entrepreneur d'attractions aurait pu s'intéresser à ce poney, qui pourtant donnait une illusion parfaite de la vie. Je l'installai, en attendant, dans la courette de la petite usine, avenue de Châtillon. Il y demeura tant que l'on travailla au cinéorama... Plus tard, après la débâcle qui devait se produire aux premiers jours de l'exposition, il fut oublié, et disparut. Peut-être des créanciers le vendirent-ils... Peut-être des ouvriers l'ont-ils abîmé en s'amusant... C'était un beau jouet, et je l'aimais comme un enfant !

COMMENT JE SAUVAI UN TAUREAU

Lorsque tous les appareils nécessaires au cinéorama furent terminés, je partis pour tourner les films nécessaires. Je ne m'éloignais pas sans appréhension, car il restait à construire le dispositif de projection et surtout une cuve en cuivre à double paroi, destinée à la vapo-

L'appareil pour la prise de vues du cinéorama

risation de l'ammoniaque. C'était la seule façon d'obtenir une température de vingt à vingt-deux degrés, malgré l'échauffement produit par les dix projecteurs de quarante ampères chacun. Cette pièce importante fut confiée à la maison Combescure.

Je donnai toutes les instructions et me rendis pour commencer à Bruxelles, où je m'installai au centre de la Grande Place. C'était un dimanche matin, le jour du marché aux pigeons, toujours si pittoresque. Le seul inconvénient grave qui surgit fut la curiosité de la foule. Le public se demandait ce que signifiait cette tour surmontée de tant d'appareils et je courais le risque de n'enregistrer au premier plan de mon film que des visages à bouche ouverte. Un service d'ordre bien organisé para à cette difficulté inattendue et la bande obtenue fut magnifique. Alors, sans m'attarder à Paris, je continuai mon voyage par l'Espagne, où je me proposais d'enregistrer les péripéties d'une corrida.

J'arrivai tout heureux à Barcelone, où l'on se souvient que j'avais installé, trois ans auparavant, un appareil de phototachygraphe, à la Rambla Sancta Monica, non loin du Passéo de Colomb. Je retrouvai des amis, entre autres un pharmacien qui m'avait fourni pour plus de cent francs de médicaments, et qui avait refusé de se faire payer sous prétexte que j'étais Français. Un photographe, Napoléon Fernandez, mit lui aussi son laboratoire à ma disposition, et me procura de nombreuses fournitures, ne réclamant, en échange, que l'estime de l'« inventeur ».

Il en alla toutefois quelque peu différemment lors-

Arènes de Barcelone. — Les appareils enregistrant les courses de taureaux.

qu'il s'agit de traiter avec le directeur des courses pour
installer ma tour et mes appareils au beau milieu des

travées de l'amphithéâtre. J'occupais ainsi une cinquantaine de places et il fut impossible de se mettre d'accord sur un prix. Par bonheur, un toréro me donna le conseil de tourner la difficulté en offrant un petit cadeau... des louis d'or, par exemple, « dont M. le le directeur pourrait faire une parure de plastron ». J'offris donc cinq louis français tout neufs et l'affaire fut réglée.

Tout se passa normalement pendant les premières courses. Mais lorsque le taureau réservé pour la fin entra dans l'arène, il parut comme pétrifié par le ronronnement de mes appareils. Il arriva le plus près possible de mon échafaudage et demeura là à me contempler, avec cet air de malice traditionnelle de la vache qui regarde passer une locomotive. Le public se mit à manifester bruyamment contre moi, d'autant plus que le fauve ne paraissait très ému ni des coups de pique, ni des banderilles qui lui labouraient le garrot. On me somma de m'interrompre et la course reprit sans entrain.

Mais lorsque retentit la lugubre sonnerie du supplice et que le matador alla se placer en face du taureau épuisé, les dix appareils déclenchés à la fois répandirent leur vrombissement de moteur. La pauvre bête releva subitement la tête et me regarda, immobile autant qu'une statue de bronze. Un tollé formidable éclata et les invectives et les menaces m'accablèrent, accompagnées d'injures. Je n'en persévérai pas moins à tourner cette scène, l'une des plus saisissantes que je pouvais rapporter. Alors la foule des gradins supérieurs, dans sa rage, mit le feu aux travées en allumant un énorme tas de journaux. Une sorte de panique s'ensuivit, et la police fit évacuer tout le théâtre. Le taureau, lui, sauvé par le cinéorama, repassa dare-dare sous la poterne des étables. Je tenais un fort beau film, et pour finir par une mise à mort, j'intervertis plus tard la troisième et la sixième course. L'incident ne comporta pas de suite et je rentrai par Biarritz, où je pris des vues magnifiques de la mer se brisant sur les rochers.

LA MALENCONTREUSE CARICATURE

A peine de retour à Paris, j'obtins de M. Austen Lee, ministre anglais à Paris, une introduction pour le prince de Galles, — celui qui devait devenir Edouard VII. Je partis pour Londres avec tout mon matériel, et l'héritier du trône me fit savoir qu'il m'attendait à Saint-James. Mais à peine le prince avait-il lu la lettre de M. Austen Lee, me regarda-t-il sévèrement, et tout en colère exhiba un journal humoristique, le *Rire*, qu'il tenait dissimulé dans son sous-main.

— Non, monsieur, s'écria t-il, ni la princesse ni moi n'irons poser sur un yatch... Et nous boycoterons votre exposition et aucune personne bien née ne voudra seulement s'en approcher...

Je demeurais consterné, ne sachant que croire...

— Tenez, poursuivit-il, voyez comme on respecte les vieilles dames, en France!

Il me jeta le *Rire*, et je compris enfin. Ce journal montrait en première page la reine-mère endormie, entourée de nombreuses bouteilles de whisky. Le prince écumait, et, marchant comme un affolé de long en large, enfonçait les mains dans les poches de son veston, les ressortait pour gesticuler, et nous arrosait de salive...

Il n'y avait, à vrai dire, aucun rapport entre le film que je projetais de tourner et la caricature d'un périodique illustré. Mais la guerre du Transvaal battait son plein et la France ne dissimulait pas sa réprobation, ce qui avait pu exaspérer mon royal interlocuteur. Je pris le seul parti possible, je fis remarquer que sans doute la majorité des Français blâmerait ce dessin et que mes connaissances et moi-même éprouvions le plus profond respect pour la reine... Je continuai sur ce ton, doucement, et cherchant à faire comprendre que je n'étais évidemment pour rien dans cette affaire. Le prince finit par s'apaiser et m'accorda une protection que je n'osais plus espérer.

— Je veux bien vous croire, conclut-il, mais il reste néanmoins décidé que nous n'irons pas à votre exposition. Nous ne poserons pas non plus devant vos appareils, ni la princesse, ni moi. Mais si vous voulez vous rendre à Southampton, l'amiral Clark se mettra à votre disposition pour vous faciliter la prise d'un beau film sur l'embarquement de nos troupes pour l'Afrique.

Il ne s'agissait, en réalité, que d'un épisode assez maigre, car huit cents hommes seulement et quatre cents chevaux devaient prendre place à bord du *Maplemore*. J'acceptai tout de même, heureux finalement de m'en tirer à si bon compte. Et le prince fit transmettre sur l'heure ma requête à l'amiral Clark, apostillée de sa main.

Quelques jours plus tard, lorsque j'arrivai à Southampton, je fus accueilli magnifiquement. Des fusiliers marins faisaient la haie, présentant les armes. Et l'amiral, en gants blancs, offrit le bras à ma femme... Nous ne pouvions nous tenir de rire, tant cette réception contrastait avec celle du palais Saint-James. J'installai ma tour, avec l'aide de marins tout fiers de cette mission de confiance, et j'enregistrai l'embarquement des huit cents hommes et des quatre cents chevaux. Photographiquement parlant, les vues obtenues étaient excellentes. Mais elles ne présentaient que peu d'intérêt. Il fallut néanmoins s'en contenter.

A Paris, une déception m'attendait. Le contre-maître auquel était confié l'achèvement des appareils de projection et du mécanisme d'éclairage faisait traîner les choses en longueur. Sourd à mes exhortations et à mes reproches, il accumulait sottise sur sottise. Je tentai de ranimer sa bonne volonté par de nouveaux sacrifices, mais en vain. Je pressentais que pendant mes absences

une sorte de complot se tramait à l'avenue de Châtillon.
Un dernier voyage restait à accomplir, le plus long, le
plus difficile. Je partis inquiet, devinant chez celui qui
aurait dû être mon bras droit une jalousie et une mauvaise volonté qui allaient grandissantes. Et c'est sur
cette déplorable impression que je me mis en route pour
la Tunisie, où je me proposais de tourner des fantasias
chez les Souassis et d'autres tribus. Ce film devait cons-
tituer le couronnement de toute l'entreprise. Il enregis-
trait un spectacle absolument inconnu en France, et
qui ajoutait à la nouveauté du procédé la hardiesse
d'une esthétique inconnue. Je me rendis tout d'abord
sur la Côte d'azur, où je pris des vues du carnaval de
Nice, avec son cortège somptueux, ses costumes
bariolés, ses foules indescriptibles. Puis je m'embar-
quai pour l'Afrique, emportant neuf cents kilogrammes
de bagages.

LES FLAMANDS DE TUNIS

Muni de tous les passeports nécessaires et d'une lettre
de présentation pour M. Millet, résident de Tunisie, je
pris place, à Marseille, à bord du *Général Chanzy*. Je
commençai, après une excellente traversée, par prendre
un film des pêcheurs de Bizerte. Puis j'en pris un
second au Bardo, avec, comme décor, les ruines altières
de l'aqueduc romain, qui avait servi au ravitaillement
de Carthage. Au pied de ces arches millénaires, le

commandant Malon, sur l'ordre du général Bazaine-
Hayter, fit déployer en un simulacre de combat, plus
de deux mille fantassins et cavaliers. Le résultat fut
admirable, et je pus croire, dès ce moment, au succès.

Pendant que s'organisait la caravane pour la suite de
l'expédition, je fus invité par le propriétaire du lac de
Tunis à chasser le chacal et le flamand. Autant le chacal est une détestable bête, autant le flamand, couleur
de rêve, rose et blanc, se groupe et se disperse en vols
d'une grâce hiératique et lente. Je suis demeuré des
heures à les regarder tournoyer dans la lumière, au-
dessus du vieux fort espagnol, qui rêve réfléchi dans
le miroir de l'eau. Le soir, sur l'onde immobile, passaient des reflets de cendre, de velours et d'onyx. Notre
barque voguait dans des paysages d'une irréelle splendeur.

Je tuai quelques flamands et en blessai un autre, que
je parvins à recueillir et qui se guérit. Je le ramenai à
Paris lorsque j'y rentrai, mais il ne vécut que peu de
temps. Le fils du contre-maître, sans que personne
s'interposât, s'amusa un jour — par méchanceté — à
l'étrangler! Mais j'ignorais, par bonheur, la suite des
difficultés qui m'attendaient. Je ne pensais plus qu'à
l'émerveillement du lac — ce lac que je m'étais promis
de revoir... J'y coulai d'interminables rêveries. Il m'arriva même de partir un matin, et de ne rentrer que le
soir. Notre rameur, un Arabe du nom d'Ibrahim, se
jetait à l'eau à chaque coup de fusil, et nageait à la

recherche du gibier tué. Ce malheureux fut un jour privé de nourriture. Il s'était embarqué sans avoir eu le temps d'emporter ses victuailles et sa religion lui défendait de toucher à la viande d'animaux tués par les « roumis ». Je tentai en vain de lui offrir une cuisse de poulet : il demeura stoïque à manœuvrer ses rames, sans rien prendre jusqu'à la nuit.

Quelquefois aussi je me mêlai à la foule des Arabes qui se massait, pendant le ramadan, pour attendre, au crépuscule, le coup de canon libérateur. Je m'arrêtais à admirer la dextérité des coiffeurs, qui rasaient en un clin d'œil une théorie de fidèles prostrés à l'orientale. J'assistais à la distribution du couscouss, j'errais sur les marchés et sur les « souks ». Ce fut un bienfaisant repos, exempt de tout souci. Mais bientôt l'on m'annonça que l'expédition était prête à partir...

J'entrepris alors le voyage de Sousse, car c'est de cette ville que je partis pour atteindre la tribu des Souassis, par Kerker et Ed Jem. La traversée du désert, en raison de la masse des bagages, présentait de sérieuses difficultés. Je me servis de neuf arabas, petites charrettes traînées à bras d'hommes et qui avancèrent lentement dans le sable, escortées de vingt et un spahis qui devaient les protéger contre les pillards. Ma femme, mon beau-frère, les hommes nécessaires à la manipulation des appareils et moi-même nous installâmes dans deux voitures à la d'Aumont.

Jusqu'à Sousse, le voyage s'effectua sans incidents.

Le premier film du désert fut tourné sur les hauteurs
qui commandent ce petit port, et où les indigènes se
réunissent le soir pour faire montre de leur science de
charmeurs de serpents. C'était là un point de vue unique. Les maisons blanches, d'une blancheur immaculée,
descendent doucement jusqu'au rivage, entourées de
la plus luxuriante des végétations, et qui fait songer à
quelque Terre Promise... Et la mer immobile, couleur
de saphir, semble le protéger de son infranchissable
barrière. Les vues de Sousse, dans la collection, cons-
tituaient une originalité car, sans qu'il s'y passât rien,
elles pouvaient séduire par la seule splendeur du site.
De Sousse, la caravane s'éloigna vers l'intérieur, marchant droit au sud. Quelques rares villages coupent la
monotonie du désert, et nous ne pouvions nous ravitailler que difficilement. Après plusieurs jours de marche, le pain manqua, mais les bananes, les fruits et
l'eau nous demeuraient en quantité suffisante. En tra-
versant une forêt d'oliviers — ces forêts clairsemées
d'arbustes desséchés et tordus, et qui évoquent toute la
nostalgie du Liban et de l'Évangile — j'abattis un aigle
d'un coup de fusil. On le vit tomber et tout le monde
se précipita à sa recherche. Mais on ne le retrouva pas.
Avait-il disparu dans un arbre creux? Ou dans un repli
du terrain? Après une demi-heure de recherches infruc-
tueuses je donnai l'ordre de repartir. La proximité de
Kerker et l'espoir du prochain ravitaillement accen-
tuèrent l'allure, raffermissant les jambes des arabas.

L'ELBEUVIEN DE KERKER

Mais avant d'y arriver, nous fîmes halte devant une maisonnette isolée, recouverte de tuiles rouges, et de laquelle sortit un homme d'une cinquantaine d'années, au teint basané et à la barbe hirsute.

— Nous allons chez les Souassis, brave homme. Sommes-nous sur le bon chemin?

— Oui, prenez à gauche à la prochaine bifurcation.

— Pourriez-vous nous vendre du pain? Nous en sommes absolument dépourvus...

— Impossible! Il ne m'en reste plus, et Dieu sait quand une caravane viendra me ravitailler!

— Notre chemin, c'est donc...

— A gauche.

Son accent fut pour moi une révélation :

— Seriez-vous Normand, par hasard? A vous entendre, on le croirait presque...

Le solitaire parut se départir de son air accablé, leva les yeux et sourit...

— En effet, reprit-il, je suis né à Lisieux. Mais voici trente-deux ans que je suis ici, établi cantonnier. Cantonnier, parfaitement. Le sable recouvre instantanément toute nouvelle piste. Cela n'a aucune importance. Je porte le titre de cantonnier. Tout de même, je suis chargé de noter le passage des caravanes. Je vis dans la solitude la plus absolue.

— Et que faisiez-vous, à Lisieux.

— Je n'y suis que né, et suis ensuite allé à Louviers, puis à Elbeuf, où j'habitais en dernier lieu. J'ai travaillé chez Thibaut, chez Ollivier, chez Cyprien Sanson...

— Chez Cyprien Sanson ?

— Mais oui, rue de Caudebec, en face de chez Devaux...

— Vous souvenez-vous des enfants ?

— De Raoul... Un petit gars que j'ai souvent fait sauter sur mes genoux !

— Eh bien, mon brave, c'est Raoul qui vous tend la main !

Le visage de l'ermite s'illumina, puis ses traits se tirèrent, une larme perla.

— Raoul, répétait-il stupéfait, Raoul... Et dire que je vous ai refusé du pain !

Il se précipita chez lui, et ressortit apportant trois miches rassies qu'il m'offrit, riant et pleurant à la fois. Je n'en acceptai que deux et lui remis en échange un poulet froid. Nous nous quittâmes le cœur serré, et nous embrassant tendrement. Les spahis et les Arabes du convoi nous regardaient stupéfaits, tout émus de ces effusions qu'ils ne pouvaient comprendre.

Les deux pains du cantonnier, grands comme une assiette, et plats, et durs, furent néanmoins dévorés en quelques instants. Après Kerker, la route continua plus aride encore, plus désolée, de dune en dune, de rocher en rocher. De temps à autre, nous rencontrions des ossements éparpillés de chameaux, qui rendaient plus lugubre encore cette solitude...

LA FANTASIA AU SOLEIL

Mais un soir, comme s'ils avaient été mystérieusement prévenus de notre arrivée, des cavaliers arabes, drapés dans leur burnous blanc, surgirent de toutes parts, nous entourèrent et se formèrent en escorte. Trois cents autres se tenaient rangés de chaque côté de la route, immobiles, impénétrables comme des statues. Enfin Mohammed Salah Sakka, le caïd des Souassis, s'avança lui-même, et nous salua selon le rite de sa religion. Il parlait peu le français, mais son frère, le calife Hassen Sakka, qui avait fait ses études à Paris, le parlait couramment. Mohammed Salah me fit les honneurs de son palais et les cavaliers exécutèrent une première courte fantasia, puis s'inclinèrent devant leur caïd, lui baisant la poitrine. Un festin somptueux nous attendait, et notre hôte, pour faire honneur aux voyageurs que lui envoyait le gouvernement français, avait fait venir de chez son frère, résidant à Monastir, les mets les plus succulents qu'il avait pu trouver. Le repas se termina par dix-sept desserts différents. On sabla le champagne et nous gagnâmes nos appartements disposés à l'européenne.

Le lendemain déjà, je pus tourner le film que j'avais tant convoité. Une nuée de cavaliers avait été mobilisés dans les environs par le caïd. Montés sur leurs petits chevaux fringants, ces Arabes se mirent à galoper autour des appareils de prise de vues, dont sans doute ils ignoraient la destination. Bientôt les « harkas » se mirent à décrire des virevoltes vertigineuses. On les voyait s'enchevêtrer, se croiser, se dénouer avec une aisance merveilleuse. Ils jetaient leur fusil sur le sol, puis repassant au même endroit, et se cramponnant d'une seule main à la selle, ils arrivaient à toute vitesse le ramasser. Ou bien ils jetaient des cris terribles et tiraient des coups de feu pour énerver leurs chevaux. Ou encore, forçant l'allure, ils bondissaient d'une bête à l'autre. Confondus en un immense tourbillon, ils soulevaient tant de poussière et de sable que l'on aurait pu croire à une chevauchée de légende, apparue sur un nuage lumineux. Ce soleil d'Afrique, ce ciel passionné, cette plaine blonde, ces cavaliers de neige et ces chevaux d'ardoise se confondaient en une féerie étincelante, invraisemblable de couleur et de mouvement. Mais à peine fut-elle enregistrée que tout disparut, comme si les « harkas » avaient été spontanément happées par les dunes.

J'en conservais un film d'une netteté extraordinaire, jamais encore atteinte en Europe. Nous l'avions pris au deux centième de seconde et avec diaphragme réduit. Je pouvais désormais affronter les critiques les plus sévères, car je rapportais un spectacle unique et de toute beauté.

NOSNASKI AU DÉSERT

J'aurais pu rentrer directement : j'en avais désormais terminé. Mais je voulus avancer davantage encore vers le sud, uniquement pour mon plaisir, car un voyage d'agrément de cette importance se recommence rarement. A quelques journées de marche, nous rencontrâmes une tribu de fakirs, semblables sur plus d'un point aux sorciers de l'Inde. J'y trouvai notamment des vieillards enveloppés de serpents, qui mâchaient du verre et s'enfonçaient des épingles dans les joues. Certains d'entre eux, en s'accompagnant d'instruments étranges, chantaient les vieux hymnes religieux du désert, probablement apparentés aux psaumes de l'Ancien Testament. Dès que notre convoi leur fut signalé, les charmeurs de serpents s'avancèrent à notre rencontre, escomptant sans doute notre étonnement. Mais les plus surpris ne furent pas ceux que l'on pense. Je savais qu'ils avaient coupé depuis longtemps les dents à venin de leurs reptiles, et je m'en entourai le corps avec autant d'aisance qu'eux-mêmes. Par contre, l'idée me vint spontanément de tirer des pièces de cinq francs des naseaux des chevaux et des vêtements des hommes, qui n'en pouvaient croire leurs yeux. Une foule considérable m'entoura bientôt et je me vis assiégé d'une vénération qui touchait à la stupeur. J'improvisai immédiatement une petite séance de prestidigitation à l'aide de quelques objets que je transportais avec moi, et tout le tapage provoqué par notre arrivée cessa immédiatement, comme si un signal invisible eût ordonné le silence. Car tandis qu'un auditoire européen cherche à comprendre, un auditoire de primitifs ne demande qu'à subir le charme et le mystère. Trois notables qui comprenaient quelques mots de français traduisaient mes explications. Je fis tour à tour le truc des cartes volantes, diminuées, forcées, puis celui des drapeaux, des fleurs, des foulards, de la montre brisée, des anneaux et de l'ardoise spirite. Mes humbles spectateurs me considéraient avec une admiration presque religieuse et réclamaient inlassablement de nouvelles merveilles. Le sorcier des « roumis » leur apparut plus puissant qu'un jeune dieu.

Lorsque la représentation fut terminée, un vieillard s'approcha de moi et voulut, très respectueusement, exhiber sa propre science. Il sortit une grosse corde, la noua, la coupa, puis me la montra entière. Il m'offrit alors de m'expliquer son procédé si je lui dévoilais le mystère des anneaux. Mais un prestidigitateur devine rapidement les trucs qu'on lui montre et je pus répéter à mon Arabe celui de la corde. Je ne lui en démontrai pas moins celui des anneaux, qui l'avait tant intrigué. Il se déclara alors mon ami et ne cessa de répéter mes louanges.

Tandis que nous nous étions endormis sous nos tentes, j'entendis cette nuit-là des bruits de pas légers et sortis pour en comprendre la raison. Je découvris alors qu'un certain nombre d'Arabes veillaient autour du campement, guettant mon réveil avec des fruits et du pain pour me les offrir. Ils m'attribuaient un véritable pouvoir occulte et espéraient me voir recommencer mes sortilèges. Mais il fallait rentrer, et nous prîmes dès l'aube la route d'Ed-Jem. Mes admirateurs me suivirent jusqu'aux arènes de cette ancienne cité romaine, et demeurèrent consternés de mon départ.

Quelques jours plus tard, je rentrais tout prosaïquement à Tunis. Un télégramme m'y attendait, expédié par le président du conseil d'administration du Cinéorama. Cette dépêche disait simplement : « Cambescure demande augmentation seize cents francs. — Refusons ». Je devinai que les choses se gâtaient, et ne pensai plus qu'à gagner Paris le plus rapidement possible. Nous étions au début d'avril et l'exposition allait s'ouvrir.

DIFFICULTÉS

A peine de retour, je me précipitai chez le président du conseil d'administration.

— La maison Cambescure, m'expliqua-t-il, prétend que l'augmentation des métaux l'oblige à demander, pour la cuve de cuivre prévue, un supplément de seize cents francs. Nous avons refusé. Sur le conseil de notre architecte, M. Galleron, nous avons fait faire une cuve

SOCIÉTÉ FRANÇAISE
DU
CINÉORAMA
SOCIÉTÉ ANONYME
AU CAPITAL DE DOUZE FRANCS
87 - Rue Joubert - 87
PARIS

Paris, le 14 Février 1900

Monsieur Grimoin-Sanson
Hôtel National.
Avenue de la Gare
Nice

Impossible, par suite de l'interruption des communications télégraphiques entre Paris et Nice de vous envoyer par cette voie un mandat ni même une dépêche. —

J'ai juste le temps de vous remettre inclus un mandat poste de 500 fr. prenez une vue du carnaval ou voyez si vous trouvez encore une autre jolie vue intéressante et revenez le plus tôt possible car votre présence ici est indispensable pour les commandes à faire. Il n'a pas été possible de faire faire la cave en fer à cause des délais qu'on demandait, il a fallu la remplacer par une cave en béton armé. J'ai fait mes réserves néanmoins. Mr Streiff est d'avis que cela peut se faire sans inconvénient. J'attends impatiemment votre retour, car il faudra un fameux coup de collier pour être prêt en temps.

Je suis heureux que vous ayez réussi la vue de Nice.

Recevez, Monsieur, mes salutations distinguées.

LE PRÉSIDENT DU CONSEIL D'ADMINISTRATION

Lettre du président du conseil d'administration de la Société
Française du Cinéorama.

de même dimension en ciment armé. Elle remplira, assure-t-il, exactement le même usage...

Je demeurai d'abord sans parole, stupéfait de tant d'ignorance. Puis j'essayai de le convaincre par la douceur, démontrant que M. Galleron pouvait être un excellent architecte, mais que seul j'avais qualité pour décider ce qui pouvait convenir au cinéorama. Ce fut peine perdue. Dès ce moment, nos projets m'apparurent irrémédiablement compromis. Peut-être aurais-je fini par l'emporter si tant de temps précieux n'avait été perdu. Le bassin de ciment était en effet déjà placé et muni de transmissions. Galleron affirmait qu'un système de ventilation perfectionné suffirait pour produire le refroidissement par air. C'était une ineptie, mais on refusa d'en convenir.

J'établis alors un document établissant que le ventilateur le plus puissant ne pourrait empêcher dix lampes à arc, de quarante ampères chacune, de faire monter en quelques minutes la température à près de cinquante degrés, incommodant gravement les spectateurs et constituant une menace permanente d'incendie. Je démontrai en outre que la maquette de ciment armé n'était cylindrique que très approximativement, et présentait des écarts de seize à dix-huit millimètres, empêchant le raccordement des segments du cercle. Et je déclinai d'avance toute responsabilité quant aux surprises que cette malfaçon pouvait entraîner.

Le conseil, enfin ému, se réunit, mais sans m'entendre. Il décida, peut-être influencé par l'architecte, de passer outre. Je ne pus que m'incliner, et attendre.

Un autre souci vint encore aggraver mes appréhensions : je compris bientôt que mon contre-maître me trahissait. A mon retour de Londres, on s'en souvient, j'avais pressenti que cet homme nourrissait à mon égard quelque sourde rancune. J'en étais d'autant plus affecté que je l'avais autrefois aidé, lorsqu'il se trouvait dans le dénuement le plus complet. J'en avais fait mon second, me confiant aveuglément à lui. Je n'en pouvais maintenant plus rien obtenir, et il se riait de mes indications, me faisant clairement entendre qu'il se passait de mes conseils. Une fois que les appareils de projection furent placés, on s'aperçut que les transmissions de coordination fonctionnaient mal. En mon absence, le contre-maître avait modifié mes plans, leur substituant un mécanisme moins coûteux — mais qui naturellement manquait de précision. Il fallut tout démonter et revenir au projet que j'avais établi. Ce fut une nouvelle perte de temps, et qui tourna à la confusion du coupable.

J'appris d'ailleurs, plus tard, que ce misérable escomptait me remplacer, espérant qu'il m'arriverait un malheur en Afrique. C'est alors lui qui aurait exploité l'invention, dont il n'aurait pas eu de peine à s'emparer. Je me sentais ainsi entouré de sourde inimitié, presque d'hostilité, au moment même où j'aurais eu le plus besoin d'être solidement secondé. Je fus un

instant sur le point de jeter le manche après la cognée
et de tout abandonner. Puis je me ressaisis et, malgré
tant de tristesse, résolus de pousser jusqu'au bout.
Ainsi j'aurais accompli mon devoir, et personne ne
pourrait m'adresser de reproches.

LE FILM DE PARIS

Il restait à tourner le dernier film, celui de l'ascension en ballon. Les préparatifs furent terminés le
24 avril, et nous devions nous élever du bassin des
Tuileries. Le comte de la Vaulx et M. Rey, deux excellents aéronautes, devaient piloter le sphérique. Tout
n'alla pas sans difficultés, car l'enveloppe déjà ancienne
crevait à chaque instant. Il fallut aveugler ces fissures,
au fur et à mesure qu'elles se produisaient, en y collant
de légères pièces d'étoffe. C'était là un remède bien
précaire et qui ne laissait pas de m'inquiéter. Mais il
n'y avait plus à hésiter. Le temps était d'une limpidité
admirable et la nacelle avait été aménagée d'avance.
L'objectif des appareils était braqué entre les cordages
de façon à laisser absolument libre le champ de vue.

Plus de quinze mille personnes s'étaient massées sur
les terre-pleins, sur les terrasses et dans le jardin. De
nombreux amis vinrent me serrer la main, et je riais
des transes de ma femme, que les déchirures de l'enveloppe remplissaient d'angoisse. Vers quatre heures, le
gonflement se termina. Nous montâmes sept à bord,

encore alourdis de six cents kilos de bagages et de lest.
Tout était prêt. Je commençai à tourner, pour prendre
une vue complète des Tuileries et de la foule qui gesti-

Gonflement du ballon *Cinéorama*, aux Tuileries.

culait et criait. Au bout de quelques secondes retentit
le « lâchez tout ! », et le ballon s'éleva rapidement tandis
que crépitaient les appareils.

La terre semblait se dérober sous nos pieds, et la

tour Eiffel glissa, comme si d'un balcon, nous l'avions vue subitement plonger dans le sol. Un léger vent nous

Plus de 15.000 personnes assistent au départ du *Cinéorama*.

poussait vers l'est. Je ne quittais pas l'altimètre, faisant méticuleusement régler la vitesse ascensionnelle, pour obtenir un film d'une exacte perspective. C'est de la hauteur de quatre cents mètres que Paris nous parut le plus admirable. Noué autour du ruban de la Seine, on le

voyait tout entier découpé par ses avenues et ses boule
vards, raviné d'un bout à l'autre par ses rues et ruelles.

Avant le « lâchez-tout ».

L'aviation, depuis lors, nous a habitués à ce spectacle,
qui en 1900 était tout à fait inédit pour le public. Et la
surface terrestre, au gré d'illusions que les habitués de
l'air connaissent bien, semblait s'incliner tantôt d'un
côté, tantôt de l'autre, et jusqu'à se présenter presque

verticale devant nous. A six cents mètres, je fis arrêter
la prise de vues, de façon à conserver des bandes en

Paris à 400 mètres d'altitude.

réserve pour la descente, et je m'intéressai alors uniquement à l'ascension.

Vers onze cents mètres nous traversâmes quelques
nuages, qui nous enveloppèrent comme de brouillard

humide et nacré. Il semblait simplement, tant le temps
était clair, que quelques voiles de mousseline fine
venaient d'être soulevés par un léger souffle. Mais à
peine en étions-nous sortis qu'un cri d'admiration jail-
lit, suivi de silence recueilli. Le soleil réapparu nous
illuminait décuplé de force, éblouissant, répandant une
lumière ardente autant qu'une coulée de métal. Le ciel
avait lui aussi changé de teinte, et, par contraste, l'azur
plus sombre semblait s'ouvrir à des profondeurs infinies.
Mais nous montions encore, nous dépassâmes deux
mille cinq cents mètres, touchant à des cimes indescriptibles d'extase.

La descente alors commença, et s'accentua rapide,
comme si quelque nouvelle fissure s'était subitement
produite dans l'enveloppe. Les nuages furent retraver-
sés en trombe et bientôt nous étions à six cents mètres
au-dessus d'Arpajon. Mais quelques secondes s'étaient
à peine écoulées que l'altimètre indiquait trois cent
cinquante mètres... Nous eûmes à peine le temps
d'échanger une exclamation de surprise... Nous arrivâmes d'un bond à cent cinquante mètres... C'était
presque une chute. Nous criâmes à des paysans
accourus de se cramponner au guiderope, mais aucun
ne voulut y toucher. La nacelle prit durement contact
avec le sol et rebondit plusieurs fois. Nous risquions
d'aller nous prendre dans les branches d'un petit
bois tout voisin, mais après un dernier sursaut, l'enveloppe vide s'écroula inerte. Par malheur, en vou-

lant protéger les appareils, j'avais eu le pied coincé entre l'armature de planches qui les soutenait et l'intérieur de la nacelle. On me releva avec une entorse et d'autres contusions, incapable de faire un pas. On me transporta jusqu'au prochain téléphone, d'où j'annonçai moi-même à ma femme que tout s'était bien passé. Mais il fallut me reconduire en voiture à la maison !

Dès le lendemain commença à ma porte un défilé ininterrompu. Les paysans, propriétaires de la prairie où nous avions atterri, arrivèrent à la queue-leu-leu pour se faire indemniser, l'un pour son herbe, l'autre pour son blé, le troisième pour ses labours. J'étais d'autant plus furieux qu'ils étaient responsables de l'accident, car, s'ils avaient saisi le guiderope, nous nous serions posés normalement dès la première fois. De guerre lasse, je payai. Une fois que mon état se fut amélioré je me fis transporter en voiture, de La Motte-Picquet à l'usine de l'avenue de Châtillon, où je développai les films. Ils étaient excellents. Mais un jour, comme je rentrais chez moi, je fus à nouveau abordé par deux paysans d'Arpajon. Ils me racontèrent que les dégâts se révélaient plus graves qu'ils ne les avaient tout d'abord estimés et me réclamèrent une nouvelle indemnité. J'entrai dans une colère folle et les reçus d'une telle bordée d'injures qu'ils s'éclipsèrent sans demander leur reste. Il était temps...

APOTHÉOSE...

Enfin — enfin ! — tandis que les mécaniciens achevaient l'installation des projecteurs, je développai les dernières bandes. Une artiste de grand talent, Mme Thuillier, s'était chargée de les colorier, et ce n'était pas une mince besogne. Chaque film comprenait en effet dix bobines, sur lesquelles s'enroulaient cent vingt mètres de vues !

Durant les derniers jours qui précédèrent la grande *première*, je ne quittai pour ainsi dire plus l'atelier, tant j'avais lu de haine dans les regards de mon contremaître. J'en étais réduit à le suivre pas à pas pour prévenir tout sabotage. Mais bientôt le mécanisme de projection s'avéra parfait. Le repérage des vues sur l'écran fut obtenu assez rapidement et le synchronisme qui reliait un faisceau de lumière à l'autre donnait pleine satisfaction : il était impossible de deviner aucun point de suture entre les tableaux.

Et le grand jour, si impatiemment attendu arriva. Dès l'ouverture des portes, la foule ne cessa de remplir la nacelle, dont la ressemblance avec celle d'un vrai ballon était bien faite pour surprendre. A peine un nombre suffisant de « passagers » avait-il pris place que l'ascension commençait. Le capitaine, vêtu d'un costume bleu-marine, annonçait solennellement :

— Mesdames et messieurs, nous allons partir du bassin des Tuileries... Lâchez tout !

Aussitôt commençait la projection du premier film, tourné à bord du ballon véritable. La sensation était

Coupe du *Cinéorama*.

extraordinaire, et beaucoup de spectateurs éprouvaient le même vertige que celui que donne une ascension vraie. La vue animée de Paris, entre autres, avec le flot de ses voitures, et ses passants arrêtés qui regardaient le ciel, constituait une nouveauté sensationnelle. Une fois cette première bande déroulée, une minute d'obscurité intervenait et le capitaine annonçait :

— Mesdames et messieurs, nous atterrissons sur la Grande Place de Bruxelles…

La Grande Place apparaissait alors telle que nous l'avions prise, et le spectacle se poursuivait par les films de Nice, Biarritz, Bizerte, Tunis, Sousse, Southampton et Barcelone. La représentation se terminait par l'atterrissage aux Tuileries, pour lequel il suffisait de dérouler à rebours le départ. Et c'est peut-être cette vue de Paris qui étonnait et charmait le plus, car elle mettait le mieux en relief toute l'ingéniosité du procédé. Quoi qu'il en soit, le succès était assuré et l'on parlait du cinéorama bien davantage que de la tour Eiffel ou de la grande roue. La presse ne tarit pas d'éloges et il fallut organiser un service d'ordre pour parer à la cohue qui se produisait au début de chaque séance.

…ET DÉSASTRE !

Mais ce qui devait arriver arriva. Le bassin de béton armé, malgré les ventilateurs, ne permettait pas le refroidissement indispensable. Les spectateurs se trouvaient fortement incommodés par la chaleur, et la chambre de projection se révéla intenable : le thermomètre y indiquait quarante-six degrés ! Les bandes pelliculaires se tordaient, et on les entendait se craqueler. Une combustion spontanée pouvait se produire à chaque instant, et aurait entraîné un sinistre épouvantable. A la quatrième représentation, un ouvrier qui surveillait l'embobinage

En Normandie.

fut pris de syncope, tomba, et se fit couper deux doigts
par une pale du ventilateur. La préfecture de police
ouvrit une information et ordonna la fermeture immédiate du cinéorama.

C'était là une mesure de prudence élémentaire, ren-
due inévitable par la sottise du conseil d'administration.
Mais elle anéantissait ma plus chère espérance et rédui-
sait à néant quatre années de recherches, de labeur et
de voyages. Le restaurant alsacien installé par la maison Kämerzell fut maintenu, mais la valeur du fonds
baissa instantanément, car c'est le cinéorama qui devait
attirer la foule. Ce grand cirque désert retentissait
comme un tombeau, — le tombeau de mes plus grands
efforts, le tombeau de tout ce que je possédais. Le capital
souscrit fut englouti, ainsi que mes dernières économies.

Au moment de la liquidation, l'année suivante, tout
le matériel fut crié aux enchères dans la salle des ventes.
J'empruntai une petite somme pour racheter les appareils encore excellents, ainsi que les films. Mais j'oubliai
de m'assurer le brevet, qui demeura la propriété de la
société. Toute possibilité de remonter l'entreprise
m'était ainsi à jamais arrachée. Plus tard, lors des
inondations de 1910, les bandes pelliculaires que j'avais
déposées à l'île de la Jatte, où j'avais monté un petit
chantier, demeurèrent plusieurs semaines sous l'eau.
Il ne resta plus qu'à les vendre au poids du celluloïd.
J'ai par contre précieusement conservé les appareils,
qui sont intacts.

Je connus, à cette époque, les jours les plus désolés de ma vie. Lorsque par mégarde le mot de cinéorama était prononcé devant moi, je fuyais instantanément pour qu'on ne vît pas ma détresse. Je ressemblais à une mère, dont l'unique enfant vient d'être enterré. Et la pauvreté, d'autant plus hideuse que j'avais connu des jours d'aisance, recommença à m'accabler de ses humiliations... Je dus quitter l'appartement de La Motte-Picquet, et j'allai me fixer à Montrouge, au 132 de l'avenue d'Orléans. Je remontai un petit laboratoire et installai un atelier de photographie. Je me souviendrai toujours de la première journée que j'y passai, espérant le client nécessaire auquel je m'apprêtais de mon mieux à sourire... Le soir je rentrai harassé, et triste à en mourir. Je pris mon violon, et, sans allumer, jouai d'anciennes mélodies. L'archet, sous mes doigts, pleurait dans le silence. Larmes ardentes, larmes sacrées. Je voulais espérer encore...

V

LE LIÈGE

DES COURROIES DE TRANSMISSION

La vie d'autrefois recommença, la vie d'avant le phototachygraphe et d'avant le cinéorama. J'étais redevenu photographe, tout simplement, et j'avais repris aussi les analyses photomicrographiques. Je remontai lentement le courant et me rétablis dans une situation normale. Il est vrai que je continuais à toucher mes droits de compositeur, qui eux aussi se multipliaient. Je devais alors avoir pris l'apparence d'un petit bourgeois paisible, économe et casanier. Il est vrai que ma santé avait été fort ébranlée par la déconfiture du cinéorama et que les crises nerveuses, dont la première m'avait terrassé la nuit de l'incendie du Théâtre des Arts, semblaient se multiplier plus que jamais. Mais enfin je subsistais, et mon petit négoce prospérait. Beaucoup de gens s'en seraient déclarés satisfaits.

En réalité, je menais deux existences très distinctes. Ma pensée s'attachait le moins possible aux patientes

besognes qui assuraient mon pain quotidien, et je ne
pouvais me résoudre à perdre toute ma vie à la gagner.
Je me maintins obstinément en marge de la cruelle réalité, et me mis bientôt à échafauder de nouveaux projets, plus solides que ceux qui m'avaient tant déçu.
Cette fois-ci, j'allais appliquer mon imagination à un
procédé d'une portée pratique immédiate.

Pendant mon séjour en Belgique, j'avais été amené à
étudier les diverses propriétés du liège, que j'avais
utilisé — on s'en souvient — pour composer une nouvelle formule d'explosif, déclaré trop « brisant » par le
ministère de la Guerre. J'étais rapidement arrivé à la
conviction que ce même liège, dont on ne tirait à peu
près que des bouchons, pouvait servir à une multitude
d'usages encore inconnus. Je pensai tout d'abord à m'en
servir, en feuilles très minces, pour l'imperméabilisation des tissus. Mais les premières expériences furent
peu concluantes. Alors je cherchai à le faire entrer
dans la composition de certaines courroies de trans-
mission, et cette fois-ci le résultat me satisfit pleine-
ment.

Je baptisai cette nouvelle invention du nom de
Grimson et pris un brevet. Des expériences tentées à la
manufacture de tabacs de Pantin vinrent assurer le
succès de mon procédé. Certaines machines étaient
mues par des courroies très courtes, qui se cassaient à
chaque instant. Les courroies *Grimson*, appliquées aux
mêmes transmissions, ne présentèrent aucune trace

d'usure après cinq mois de roulement ! On pouvait donc marcher de l'avant avec confiance.

Un commerçant de la rue du Louvre, à Paris, me proposa des fonds pour exploiter mon idée. Je me mis aussitôt au travail et sans doute cette petite industrie aurait-elle prospéré si j'avais pu réaliser tout entier mon projet. Mais une société intervint, qui me fit de nouvelles offres, et que j'acceptai. L'usine projetée devait se monter à Lyon, et non plus à Paris. On me laissa bientôt entendre que mes conseils étaient superflus et que les courroies se fabriqueraient sans que je fisse partie de l'exploitation... Je cédai tous mes droits et laissai faire. La société accumula faute sur faute et finit par liquider dans des conditions désastreuses...

Par bonheur la vente du brevet avait sauvegardé mes intérêts immédiats. Je regrettais que l'exploitation de mon invention en restât là, car elle aurait pu, par la suite, rapporter davantage. Mais il ne servait à rien de récriminer : agir valait mieux. Je pouvais au moins, maintenant, poursuivre mes recherches, et donner libre cours à ma fantaisie... Je me consacrai presque uniquement à mon laboratoire.

Au début du mois de mars 1905, une nouvelle douloureuse m'arriva : ma mère, rentrée dans la petite maison familiale de Saint-Pierre, et que j'avais eu tant de mal à conserver, baissait de plus en plus rapidement. Je partis en toute hâte, et arrivai à temps pour lui fermer les yeux Cette admirable femme avait passé toute sa vie à se dévouer pour moi, et ma peine resta longtemps profonde. Mais ma mère avait connu ce privilège de s'éteindre parmi les siens, chez elle, entourée d'affection. Elle s'en allait âgée, fatiguée, sans amertume. Mon deuil ne comportait cette fois-ci aucun remords. Je l'acceptai avec la résignation qu'inspire le devoir accompli.

Cette terrible émotion ébranla néanmoins fortement ma santé, et je subis deux nouvelles crises nerveuses, peut-être les plus violentes de toutes. Je pensai succomber, et seuls les soins que me prodiguait ma femme me sortirent de ce mauvais pas Je traitais mes nerfs au bromure, j'en absorbais des quantités énormes, sans même acquérir la conviction de me guérir. Un jour, exaspéré de cet esclavage inutile, j'ouvris la fenêtre et jetai le flacon dans la rue, résolu à subir ma destinée plutôt que de m'empoisonner avec cette odieuse médecine. Le résultat ne tarda pas à se manifester, mais fut tout le contraire de ce que l'on pouvait attendre : je me rétablis et ne connus plus aucun malaise. Cette résolution désespérée m'avait sauvé.

LE « SANSONNET »

Mes travaux pour l'imperméabilisation prirent bientôt une tournure nouvelle. J'avais définitivement abandonné le système des feuilles de liège, qui présentait de

graves inconvénients. Je réussis bientôt à réduire la
précieuse écorce en poudre, et à l'utiliser moléculaire-
ment, en en imprégnant les tissus les plus divers. J'acquis bien vite la conviction que c'était là une trouvaille
appelée au plus grand retentissement, et qui concur-

Le « SANSONNET », canot automobile de 5 mètres.
MÉDAILLE D'ARGENT du Touring-Club de France

rencerait, pour plus d'un usage, le caoutchouc. Mais je
voulais agir à coup sûr et ne pas compromettre ma
nouvelle invention par une impatience inopportune. Et
je pris le temps de préparer un produit d'une valeur
indiscutable, mais que j'étais décidé à exploiter seul,
sans société ni associés. L'expérience, enfin, devait me
servir !

Je vendis bientôt mon atelier de photographie, qui
m'avait à différentes reprises rendu tant de services.

Cet humble serviteur était devenu comme la cinquième roue du carrosse et je ne savais plus qu'en faire. Je louai un petit hôtel au **68** *bis* de l'avenue de Châtillon, et installai un laboratoire à l'île de la Jatte, à Neuilly — celui même que les inondations de 1910 devaient si gravement malmener. Et c'est là, inspiré par le trafic fluvial de la Seine, que je m'amusai à parachever un nouveau type de moteur léger, pour embarcations. Je fis venir une coque de Bordeaux, et y adaptai mon système de propulsion à hélice réversible. Je baptisai ce canot le *Sansonnet* et il s'en vendit toute une série du même modèle, surtout après que j'eusse obtenu le prix du Touring-Club de France, dans une course organisée par le *Matin*.

LES PREMIÈRES OMBRES EN RELIEF

Les progrès du cinéma ne me laissaient pas indifférent : n'était-ce pas un peu mon enfant qui se développait ? Je repris une idée que j'avais déjà mûrie tout en préparant le cinéorama, et construisis un appareil binoculaire pour la prise de vues animées stéréoscopiques. Mais je ne parvins pas à les projeter en films sans obliger le spectateur à se munir d'un binocle spécial. Je pris même un brevet, auquel je renonçai par la suite. On jugera de ma surprise lorsque les music-halls et cinémas, il y a un an ou deux, annoncèrent comme une découverte triomphale les *ombres en relief*. Ce

n'était là qu'un procédé réchauffé, et assez grossière-
ment. Le spectateur, tout comme dans ma propre
invention, devait se servir d'un lorgnon bleu et rouge
pour déchiffrer l'écran, où venaient se superposer,
croisés, les faisceaux de deux projecteurs différents. La
foule s'amusait prodigieusement, et je me contentais,
moi, de sourire. Je crois d'ailleurs fermement que l'on
arrivera à projeter des films à perspective et l'on
annonça même, un certain temps, que c'était chose
faite. Mais nous ne voyons rien venir...

C'est à cette époque encore que je réalisai un dispositif pour la production du froid industriel au moyen de
liquides volatils — l'ammoniaque, par exemple — que
j'étais en même temps arrivé à récupérer après usage.
Une première application de ce procédé fut tentée avec
succès sur les navires et dans les wagons destinés à
l'importation des viandes frigorifiées. Mais au moment
de la découverte — en 1906 — il aurait fallu une fortune pour exploiter un pareil brevet. L'invention est
tombée dans le domaine public : qui n'en profite
pas ?

Il me vint d'autres idées encore, que je ne poussai
même pas toutes à fond. A quoi bon les rappeler ? Leur
énumération paraîtrait fastidieuse... Un ami, auquel je
parlais un jour des différents métiers que j'avais exercés,
m'interrompit stupéfait :

— Énumérez plutôt ceux que vous n'avez pas faits,
s'écria-t-il : nous arriverons plus facilement au bout !

BRUSQUE RÉVEIL

Je vivais néanmoins assez heureux, plein d'espoir et de projets. Ces multiples inventions que je lançais les unes après les autres me passionnaient tour à tour, sans d'ailleurs me faire oublier mon liége, sur lequel je comptais le plus. Mais j'avais fait la connaissance d'un artiste de grand talent, Lucien Capet, qui préparait son célèbre quatuor. Les répétitions avaient lieu 9, rue du Bois, à Asnières, et je m'y rendais presque aussi régulièrement que les musiciens eux-mêmes. Quelle joie c'était ! Beethoven, surtout, était interprété magistralement, avec une sobriété, une émotion que je crois n'avoir retrouvée nulle part. Pour Capet, l'art était devenu plus qu'une religion, et je comptais parmi ses plus fervents disciples. Mais un nouveau revers me tira brusquement de ces flâneries enchantées...

Un jour, en effet, ma femme reçut une visite inattendue, celle d'une amie d'enfance, qui venait lui présenter son fiancé. Ce fiancé avait élaboré, lui aussi, de mirobolantes combinaisons commerciales, qui devaient l'enrichir à bref délai. Mais il lui manquait vingt mille francs pour lancer son idée, et il promettait, à qui l'aiderait, une part magnifique du bénéfice. J'avançai donc la somme quémandée : je savais trop combien le manque d'argent peut entraver de succès ! Mais l'affaire fut plus difficile à créer qu'on ne l'avait prévu, et le

fiancé revint à la charge, demandant cette fois-ci vingt-
cinq mille francs. Je les prêtai encore...

Est-il nécessaire d'écrire la suite ? Quelques mois se
passèrent et l'inexorable vérité se fit jour. Le fiancé
miraculeux avait gaspillé les quarante-cinq billets, et il
me fut impossible de récupérer un seul sou... L'écran,
subitement, se voilait de noir : j'avais placé dans cette
affaire tout ce que je possédais. Une fois de plus, j'avais
tout perdu.

UNE NUIT MÉMORABLE

Nous retombâmes, du jour au lendemain, dans la
misère noire, la misère affolante qui pousse aux expé-
dients, qui taraude le cerveau de pensées inavouables,
qui avilit par les privations et la faim... Mais cette
rechute avait été si rapide, si inattendue, que je ne pouvais y croire. Il ne s'agissait, en effet, pas d'une défaite,
mais d'une trahison. Le sort que j'avais tenté se retournait brusquement contre moi, et je refusais de m'avouer
vaincu, à la façon d'un joueur qui perd en devinant
que son partenaire triche... C'était un peu ma faute,
notre faute, et ma femme qui avait écouté son amie se
le reprochait amèrement, s'accusant elle seule de la
débâcle... Mais il fallait réagir, et vite. Autant le
désastre qui avait suivi le cinéorama m'avait accablé,
autant celui-ci m'atteignit peu profondément. Et pourtant, cette fois-ci, je n'avais plus la ressource de

l'atelier de photographie, liquidé aux jours d'abondance...

Une seule corde demeurait disponible à mon arc : le procédé d'imperméabilisation au moyen de poudre de liège, heureusement prêt à servir. Je commençai par porter au mont-de-piété quelques bijoux, des boucles d'oreilles, une montre et une bague en or. On m'en accorda sept cents francs, et je courus déposer mon brevet. Cette simple formalité coûtait déjà cent francs, plus vingt-cinq centimes de timbre... Il me restait six cents francs pour vivre et créer une industrie !

J'achetai une pièce de calicot, mais je manquais de calandre pour forcer les molécules de liège dans le tissu. Il fallut donc procéder à la main. Je fis l'emplette d'un marteau de cordonnier, et me mis sur-le-champ à battre l'étoffe, pouce par pouce. Ma femme, promue premier garçon de laboratoire, passa la nuit à confectionner des articles imperméables, tabliers, couches-culottes, bavettes et petits draps, — un trousseau presque complet de bébé. Le lendemain, j'éprouvai les premiers produits de notre « usine », à l'aide d'une *poire d'essai*, sorte de ventouse servant à projeter l'eau avec force. L'eau ne passa pas : l'expérience était concluante. Et l'enfant que nous avions spontanément imaginé de revêtir, pouvait échanger des tissus caoutchoutés, froids et visqueux, contre une layette lavable, confortable, douillette — et imperméable tout autant !

LES PREMIÈRES COMMANDES

Tandis qu'après cette nuit de terrible labeur, qui devait décider le reste de ma vie, ma femme s'était enfin assoupie, je me présentai aux magasins du Louvre avec le précieux trousseau qui venait d'être confectionné. J'arrivais, comme si j'avais pu choisir, en plein dans une « journée de la layette ». Je découvris l'un des directeurs et lui exposai, avec une conviction que l'on n'acquiert pas, l'objet de ma visite. Je mis en valeur la souplesse des vêtements qui « venaient de naître », j'insistai sur leurs avantages, j'offris d'en démontrer immédiatement l'imperméabilité. Mon auditeur m'observait poliment attentif, plus amusé du boniment que captivé par la marchandise.

— Vous êtes inventeur, monsieur, me dit-il enfin, vous êtes inventeur et vous avez la foi... Voyez-vous cette grande caisse? Elle contient pour plus de dix mille francs d'inventions qui ne rapporteront jamais rien...

C'était une façon de m'évincer, et que sans doute il ne voulait pas cruelle... D'autres affaires plus pressantes l'appelaient, et il consentit à me fixer un rendez-vous à huitaine, me promettant alors d'examiner à fond l'imperméabilité de mes produits. Dans d'autres magasins, je fus reçu de la même façon : le mot d'inventeur suffisait à éveiller une méfiance qui confinait à la pitié...

Qu'aurait pensé l'amiral Clark s'il m'avait surpris en si triste posture, lui qui m'avait fait recevoir par une garde d'honneur à Southampton? Je ne pouvais m'empêcher de sourire à cette idée, tant elle évoquait de joyeux contraste !

Je continuai néanmoins, aidé de ma femme et de ma belle-sœur, à préparer un lot plus important d'échantillons. J'épuisai toute la réserve de liège que j'avais préparée et entrepris de nouvelles démarches. Je ne pouvais en effet pas attendre huit jours : de quoi aurions-nous vécu? J'envoyai tout d'abord une layette en Belgique, à mon beau-frère Edouard Allard, qui visitait quotidiennement les grands magasins de Bruxelles. Et je résolus de retourner au Louvre, où je me fis annoncer au bureau de l'administrateur, insistant pour lui parler sans chercher à lui vendre quoi que ce soit. Il me reçut aimablement et me parla avec douceur. Il fallait que j'eusse perdu déjà beaucoup de mon assurance, car il m'accueillit comme un père qui se prépare à raisonner son enfant...

— Comprenez-moi, monsieur l'inventeur, commença-t-il. Pour lancer une entreprise comme celle que vous projetez, il faudrait que vous disposassiez de gros capitaux. Comment faire connaître un produit de ce genre sans une immense publicité? Nous ne pouvons pas, nous, influencer suffisamment le public... Nos démonstrations lui feraient perdre trop de temps et peut-être même nos clients habituels, exaspérés par

cette sorte de contrainte, finiraient-ils par nous abandonner…

Je le savais aussi bien que lui, et chacune de ses
paroles retentissait comme un glas dans le temple ébranlé
de mes espérances. Je résolus alors de jouer le tout
pour le tout.

— J'entends fort bien votre argumentation, répondis-
je, aussi ne suis-je pas venu pour vous offrir mes articles.
Je voudrais uniquement que vous ne me classiez pas
parmi les incurables décrocheurs d'étoiles, car j'ai déjà
fourni mes preuves. Voici des tissus imperméables, et
qui constituent une révolution. Je vous demande simplement de les éprouver, et de réfléchir. Je m'engage,
par contre, à ne revenir vous importuner que si vous
me faites appeler…

— Fort bien, reprit-il. Mais comment essayer votre
trousseau ?

Je sortis de ma poche une couche-culotte et la *poire
d'essai*, que je remplis d'eau. Nous nous acharnâmes,
l'un et l'autre, à faire passer une seule goutte à travers
le tissu, tendu devant l'orifice de la ventouse. Ce fut en
vain : la poudre de liège tint bon.

— En effet, reconnut-il étonné, l'imperméabilité
semble assurée. Mais qu'en adviendra-t-il après un
lavage à l'eau bouillante et un repassage ?

— Tentez l'expérience, monsieur, envoyez ce morceau d'étoffe à la lessive, sans même indiquer le but que
vous poursuivez. Je ne sollicite rien de plus.

Je partis, le laissant perplexe, plus ébranlé sans doute qu'il ne le voulait paraître. Et quelques jours plus tard, comme je me trouvais au Louvre pour une emplette de drap, je le vis déboucher au haut de l'escalier, me faisant des signes désespérés.

— C'est bien vous, monsieur, qui m'avez apporté un tissu imperméable ?

— Mais oui, c'est moi... avez-vous tenté l'expérience ?

— Voulez-vous me suivre ?

Il me fit monter au cinquième étage et tirant la petite couche culotte d'un tiroir me dit :

— Regardez !

Je crus qu'il n'y avait pas touché depuis ma dernière visite et ne pus me tenir de lui exprimer ma déception.

— Tranquillisez-vous, s'exclama-t-il, votre échantillon a servi, et revient à l'instant de la lessive. Il paraît neuf, j'en conviens. Il s'agit maintenant de constater qu'il est demeuré imperméable...

Je sortis la poire d'essai, et, comme la première fois, nous tentâmes de faire passer un peu d'eau à travers le tissu. Mais le liège avait tenu bon, et j'étouffai avec peine un cri de triomphe.

— Vous aviez raison, conclut alors l'administrateur stupéfait. Passez au rayon, où l'on vous remettra une commande...

La partie était gagnée. Cette première commande ne paraît certes pas très importante : il s'agissait à peine de quelques douzaines — vingt-quatre, je crois — de

petits objets de toilette enfantine, bavettes, tabliers et
couches-culottes. Je n'en demandais même pas autant
pour débuter...

Je rentrai en jubilant au logis, et l'on y jura, dans
l'exubérance d'une folle joie, de travailler soi-même jour
et nuit plutôt que de se dessaisir au profit d'inconnus
de l'exploitation d'une aussi belle affaire On se mit donc
à l'œuvre... Mais, entre temps, je me rendis au Bon
Marché, où je me fis annoncer au chef de rayon de la
lingerie. Il m'accueillit avec un petit sourire sceptique.
Sans doute pensait-il : « Voici l'hurluberlu qui veut remplacer le caoutchouc par le liège... »

— Encore vous, monsieur...

— Mais sans doute, monsieur, et je viens vous faire
part de ma surprise... Vous allez vous faire devancer
par le Louvre...

— Je ne comprends pas...

— Voyez, lisez... Le Louvre me passe une commande
et fait paraître mes articles dans son catalogue!

— Ah ! ah! Voulez-vous attendre cinq minutes ?

Tout se passait donc normalement, car ce chef de
rayon avisé ne pouvait abandonner à un concurrent le
bénéfice d'une bonne invention. J'obtins une fort jolie
commande. Et comme je rentrais chez moi, j'en trouvai
une autre, venue de Belgique, et que mon beau-frère
Edouard Allard venait d'obtenir...

MON USINE

On pourrait croire que le film de ma vie, fait jusqu'à ce jour de tant de revers, se déroulait brusquement à rebours, amenant comme par miracle une suite ininterrompue de succès. Les débuts sans doute ne furent pas aisés. Mais il importait peu. J'avais déposé mon brevet sous le nom de « professeur Hergesse », bizarre assonance tirée de mon sigle R. G. S., par des élèves qui, autrefois, m'avaient appelé de cette façon. Et, commercialement parlant, cela faisait une marque de fabrique superbe : *Tissus liégés imperméables et lavables du professeur Hergesse...*

Il va sans dire que ni ma femme ni moi ne pouvions suffire pour exécuter ces premières livraisons, et que notre capital de six cents francs s'était rapidement épuisé. Une maison du Sentier m'ouvrit un petit crédit. La confection des layettes fut tout d'abord confiée à des couvents, et ma femme, plus tard, créa, organisa et dirigea un atelier de couture. Une maison de caoutchouc fut chargée d'enduire les tissus, de les liéger, de les calandrer et vulcaniser. Tout cela fut improvisé à la hâte : il fallait produire sans retard. Lorsque la commande du Louvre fut livrée, on m'offrit de me la payer comptant, moyennant un petit escompte de caisse. L plus grosse difficulté se trouva ainsi du jour au lendemain aplanie, et nous pouvions marcher de l'avant.

L'usine de Nanterre, 1911-12.

Ainsi, après avoir méprisé les conseils et les avertissements des gens que l'on s'obstine à appeler sages, je triomphais par ma seule énergie. On m'avait prédit tous les déboires, et je n'en connus pour ainsi dire aucun. Mais j'avais pris l'habitude d'entendre les personnes les plus autorisées m'annoncer des désastres... Ne m'avait-on pas répété mille fois que le phototachygraphe ne serait jamais utilisé? Les jaloux en prirent leur parti et les amis « expérimentés » finirent par convenir de ma « chance ». Ma chance, en l'occurrence, je la devais à mon travail et à ma ténacité. Je n'ai jamais revendiqué d'autre mérite.

Ma clientèle s'étendit rapidement, si rapidement que le danger consistait désormais à ne pouvoir fournir au fur et à mesure des commandes. Les plus importantes me furent passées par la Samaritaine, le Printemps, les Galeries Lafayette, la Maison de Blanc, la Cour Batave... La première année, les bénéfices nets s'élevèrent à dix-huit mille francs. La seconde, à quarante-huit mille. La troisième, à cent mille.

Il est vrai que je ne cessais pas d'étendre l'application de mon procédé. Je l'adaptai aux vêtements, aux alèzes, aux draps d'hôpitaux, à la maroquinerie, aux faux cuirs, aux tentures murales, aux matières isolantes pour l'électricité, à d'autres objets encore. Il fallut bientôt construire une usine pour y rassembler tous les services épars dans Paris. Je jetai mon dévolu sur Nanterre, où je m'installai au 20 de la rue Chanzy, dans une

Un atelier de l'usine de Nanterre.

villa aux larges dégagements. En juin 1911, les travaux commencèrent. En octobre, la fabrique était installée, et pouvait fournir tous les articles demandés. Ma femme que rien ne préparait à une si grosse tâche, s'y adapta avec une aisance admirable et dirigea personnellement les ateliers de confection. Je m'occupais, moi, de l'outillage et des applications nouvelles. La dépense des machines à vapeur, des étuves et du laboratoire se trouva récupérée en six mois. L'usine ne s'arrêtait pas de produire, et bientôt il fallut organiser deux équipes, l'une de jour, l'autre de nuit...

Quelquefois, pendant cette période d'incessante activité, tout en parcourant l'immense maison sans cesse trépidante, je ne pouvais m'empêcher de songer avec regret à mon père. Lorsque j'étais tout enfant, il rêvait de faire de moi son successeur, et, tant qu'une lueur d'espoir lui demeura permise, il voulut croire que je remonterais un jour la draperie d'Elbeuf... Hélas, une fabrique magnifique était devenue ma propriété, plus riche et plus prospère cent fois que la modeste entreprise de la rue de Caudebec. J'aurais voulu aller prendre le cher disparu par la main, et l'amener au milieu des machines et lui crier ma félicité :

— La voici, père, notre usine. Elle est ressuscitée, elle vit, elle grandit, elle se développe encore... La voici : console-toi, ton vœu suprême est réalisé !

Mais il ne restait plus rien de lui, plus rien qu'une

tombe délaissée, là-bas en Belgique... Et j'appelais en
vain un souvenir.

EN MARGE...

Ces années de prospérité passèrent avec une rapidité
inimaginable, comme si les cylindres et les engrenages
dévoraient le temps lui-même. J'aurais pu noter mille
aventures, que la tension d'esprit imposée par mon
travail ne me permit pas de retenir. Mon brevet fut
notamment acheté par une firme espagnole, qui construisit une usine identique à celle de Nanterre, et qui
continue à fabriquer tant et plus. A l'Exposition inter-
nationale de l'hygiène, en 1911, à Tunis, les produits
du professeur Hergesse obtinrent la plus haute récom-
pense. Et je connus cette satisfaction de fournir directement les plus grands établissements de charité, l'Institut Pasteur, l'hôpital Chardon-Lagache, la Maison de
santé de la rue de Turin, les frères Saint-Jean de Dieu
de la rue Oudinot. C'était, pour les malades, une
volupté indescriptible que de troquer leurs nécessaires
caoutchoutés contre de bons molletons imperméables
et doux au toucher. J'avais d'ailleurs obtenu que
toutes les maisons dépositrices des produits Hergesse
les vendissent exactement au même prix, évitant ainsi
entre elles toute concurrence. Ce fut peut-être là l'une
des meilleures raisons de mon succès.

Au début, j'avais tour à tour assumé les rôles de

représentant, de comptable, de courtier et même de livreur... Je ne me sentais pas diminué en me hissant une pièce de tissu sur le dos : j'en avais suffisamment pris l'habitude pendant mon enfance. Un jour même, j'arrivai au sous-sol du Bon Marché pour y livrer une commande, et, peu habitué aux us et coutumes, je me rendis tout droit au guichet. Mais un surveillant me rabroua vertement :

— Hé, dites-donc, vous, l'homme au chapeau, faudrait voir à prendre la queue... Si ça recommence, on le signalera à vot' patron...

Je me le tins pour dit et reculai sans demander mon reste, malgré les quolibets des lurons qui me regardaient battre en retraite...

Plus tard, en 1910, alors que les inondations menaçaient jusqu'aux grands boulevards, une grande banque passa une forte commande de lévisine, à livrer immédiatement. Je me demandai longtemps à quoi tout ce drap imperméable pouvait bien servir... Je découvris, par hasard, qu'on y emballait les paquets de titres déposés dans les caves. L'eau monta, et les titres se mirent, les uns après les autres, à flotter, comme une provision de bouchons. L'idée était ingénieuse, car aucun papier ne fut mouillé.

L'année suivante, tandis que l'on construisait l'usine de Nanterre, je pris quelques jours de vacances, dans la Somme. Je fis là encore une petite invention, une invention de Normand si jamais il en fut. Je brûlais de chasser sur un grand domaine délaissé, dont j'appris à connaître le garde. Un jour qu'il m'avait rendu un léger service, je lui dis :

— Tenez, mon brave, voici dix francs...

Mais je lui avançai un louis.

— Vous me rendrez la monnaie lors de notre prochaine rencontre...

Le garde, dès ce jour-là, sut toujours très exactement où je me trouvais, et je chassai tant et plus. Il évita soigneusement de me déranger, pour ne pas avoir à rendre la monnaie. J'ajoute que ce nouveau procédé de braconnage ne fut pas breveté...

LE PNEU DE LIÈGE

Je connus, bientôt, d'autres surprises. De gros capitalistes, qui ne m'auraient pas prêté cent francs pour exploiter, au début, mon brevet, me firent bientôt des offres magnifiques. L'un d'eux me proposa même de construire une usine immense, dont il aurait assumé la direction commerciale. Je refusai catégoriquement. Le souvenir du phototachygraphe et de la fabrique de courroies de Lyon était demeuré trop cuisant dans ma mémoire. Je préférais travailler seul...

Bientôt je voulus entreprendre un projet plus vaste que les autres : je songeai à l'application de mon procédé à la fabrication des pneus. J'avais construit, après de longues recherches, une enveloppe à base de liège et

l'avais installée, en grand secret, à un taxi. Les deux
roues du même essieu avaient été garnies simultanément
l'une d'un pneu ordinaire, l'autre du pneu de liège.
L'enveloppe de caoutchouc fut usée après avoir roulé
sur cinq mille kilomètres. L'enveloppe de liège, elle,
tint sur sept mille et cinq cents kilomètres ! C'était une
révélation foudroyante, et je demeurai muet de saisisse-
ment... Il y avait là de quoi révolutionner toute l'industrie de l'automobile et je me préparai en silence à
cette nouvelle lutte.

Hélas... la guerre survint. Je n'ai pas à décrire ici
les jours tragiques de 1914, restés présents à toutes les
mémoires. J'étais de plus alité, assez grièvement atteint,
épuisé d'émotions et d'efforts... Le 1ᵉʳ septembre, l'autorité militaire me fit savoir que l'usine de Nanterre se
trouvait dans le champ de tir du Mont Valérien, et je dus
la faire évacuer dans l'espace de vingt-quatre heures.

CONTRE LES GAZ ASPHYXIANTS

Je congédiai ce qui restait du personnel : déjà beaucoup d'hommes avaient rejoint leurs régiments. Il me
semblait que mon départ forcé ouvrait une ère de tris-
tesses infinies, et je me demandai, en parcourant l'usine
déserte, si je la retrouverais un jour. Mon désespoir
était d'autant plus grand que les nouvelles empiraient
et que je sentais ma santé de plus en plus ébranlée...

Sur les conseils d'un ami sûr, le d^r Roux, je partis avec ma femme et ma belle-sœur pour la Bretagne, où je m'installai à Locmariaquer, dans la baie du Morbihan. Mon énergie semblait brisée, et seule ma pensée continuait à travailler fiévreusement, atteinte d'une sorte de vertige maladif. Je ne dormais presque plus. Une flamme mystérieusement tenace ne cessait de vaciller dans mon cerveau. Je voulais me rendre utile et, sans laboratoire ni instruments, je me mis à rechercher le moyen, en utilisant une sorte de rayon diabolique, de faire exploser à distance des réserves de munitions, d'immobiliser les moteurs d'avions, ou d'enflammer des dirigeables en plein vol... Je devenais de plus en plus taciturne, me nourrissant uniquement de crevettes et de fruits.

Et puis un jour, — fût-ce l'amélioration due au climat? fût-ce un suprême sursaut de volonté? — je me ressaisis. J'acquis la certitude presque subite que je reverrais Nanterre, et l'usine, et les machines en marche... Ce fut une sorte de divination inexplicable, et qui me rendit presque instantanément ma force et ma bonne humeur. Je me remis à boire et à manger, j'organisai des séances de prestidigitation pour les paysans de la contrée, je repris mon violon, j'écrivis de la musique. Lorsque Paris fut définitivement délivré de la menace allemande, je fis préparer les malles, et pris la voiture pour Redon. Je débarquai le lendemain à la gare d'Orléans et me fis conduire sur-le-champ à Nanterre. Tout était intact, comme si nous l'avions quitté la veille. Mes chiens, confiés au gardien, bondirent à ma rencontre et me dévorèrent de caresses. Je fis allumer la chaudière, et rouler les machines... Le travail reprit dès le lendemain, avec les équipes de jour et de nuit...

Je lançai à ce moment un nouveau produit, le tissu liégé imperméable givré, qui servait à la confection des manteaux et chapeaux de dames. On eut beau installer un nouveau métier, l'usine ne put suffire, car beaucoup de fabriques s'étaient mises à confectionner des obus. M. Albert Bisson, le propriétaire de l'industrie sœur de Barcelone, me fit des propositions magnifiques pour le rachat de toute l'entreprise. Je refusai. Une nouvelle tâche m'attendait encore.

Lorsque les Allemands commencèrent à utiliser les gaz asphyxiants, je pensai à trouver un moyen de protection efficace. Je cherchai pour les masques un tissu d'une imperméabilité presque hermétique et qui fût en outre imputrescible. Je recommençai à veiller dans mon laboratoire et finis par présenter aux services de l'armée des échantillons qui furent adoptés. Par malheur, aucune commande ne pouvait m'être passée, car j'avais fait breveter cette dernière invention. Et l'administration — la loi est formelle — ne peut accepter des propositions de prix non concurrencées.

Il fallut donc tourner la loi, car on ne pouvait pas négliger le procédé que je venais de mettre au point, et qui pouvait sauver la vie de milliers d'hommes. Il fut donc décidé que je céderais les tissus liégés à la maison Caplain, de Montreuil-sous-Bois, qui, elle, fabriquerait et livrerait les masques à l'armée. Plusieurs maisons étaient censées pouvoir se fournir à Nanterre et la loi recevait satisfaction.

Tous les autres produits furent abandonnés du jour au lendemain, et l'on ne pensa plus qu'à fournir du tissu contre les gaz. Cette fois-ci, les machines ne connurent plus une heure de répit. En quelques mois, des montagnes de masques furent revêtus.

Mais ma santé s'accommodait mal de ce travail intensif. Je voulais reprendre l'idée des pneus de liège, mais le médecin, — toujours mon ami Roux — me l'interdit formellement. Un jour, en mon absence, il exhorta sérieusement ma femme : « Il est grand temps, madame, insista-t-il, de conduire votre mari aux champs : il s'agit désormais pour lui d'une question de vie ou de mort... »

Une circonstance fortuite vint pour ainsi dire me forcer la main. M. Caplain céda son usine à M. Paul Lederlin le propriétaire des Blanchisseries de Thaon, qui, depuis, est devenu sénateur. Pour continuer à fabriquer les masques, dont il ambitionnait le monopole, M. Lederlin se trouva dans l'obligation d'acheter à la fois les brevets et l'usine Hergesse, jusque-là toujours susceptible de livrer son tissu à d'autres maisons, éventuellement concurrentes. Les négociations se prolongèrent cinq jours. Et je signai un contrat de vente qui me conservait la propriété de mes brevets pour l'étranger, tout en m'assurant le repos.

AU CHATEAU D'OISSEL

J'avais acquis, depuis un certain temps, le domaine d'Oissel, où je comptais installer en grand mon laboratoire, pour y poursuivre mes travaux loin du bruit de l'usine. Au début de 1917, je me retirai donc dans cette propriété, toute voisine d'Elbeuf, où j'avais passé mon enfance. Nos destinées semblent soumises, parfois, à des règles infaillibles, qui nous ramènent, échelonnées sur les années, à des situations identiques. Fils d'un drapier, j'avais terminé mon activité régulière dans une usine de tissus. Normand, je revenais en Normandie... Le château d'Oissel est une vaste demeure du XVIIe siècle, entourée de tilleuls trois fois centenaires. Sa gracieuse façade, rose et blanche, incite au silence et au recueillement, et sa pelouse, en pente douce, descend s'appuyer à la rive de la Seine. Et des chalands et des péniches glissent sans cesse à la surface de l'eau, comme des pèlerins nostalgiques à la poursuite d'un songe...

Pourtant je ne vis pas en châtelain désœuvré, mais bien plutôt en artiste et en savant. Dès que furent effacées les premières traces de surmenage, je me mis à la recherche de Saint-Denis — Saint-Denis qui me vendait des images lorsque j'étais enfant, et qui se disait toujours pressé d'aller avaler sa soupe... C'est au cours

Le Château d'Oissel, construit en 1636.

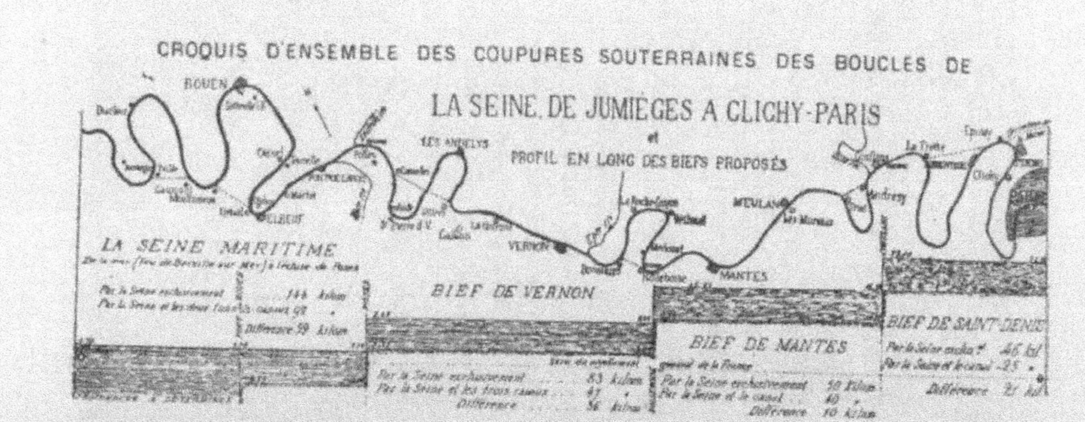

CROQUIS D'ENSEMBLE DES COUPURES SOUTERRAINES DES BOUCLES DE
LA SEINE, DE JUMIÈGES A CLICHY-PARIS
et
PROFIL EN LONG DES BIEFS PROPOSÉS
ROUEN
LA SEINE MARITIME
De la mer (Tour de Barville sur Mer) à l'écluse de Poses
Par la Seine enrochement .... 144 kilom.
Par la Seine et les deux canaux, canaux 98 .
Différence 59 kilom.
BIEF DE VERNON
Par la Seine enrochement .... 83 kilom.
Par la Seine et les trois canaux ...... 47 .
Différence .... 36 kilom.
BIEF DE MANTES
Par la Seine enrochement .... 50 kilom.
Par la Seine et le canal .... 40 .
Différence .... 10 kilom.
BIEF DE SAINT-DENIS
Par la Seine enrochement .... 46 kil.
Par la Seine et le canal .... 25 .
Différence .... 21 kil.

de longues promenades archéologiques en sa compagnie que je me guéris complètement. Et nous avons établi ensemble un plan pour l'approfondissement de la Seine et surtout pour la régularisation de son cours. Sous quelle forme que ce soit, on arrivera fatalement à l'exécuter. Mais quand ?

LE SYNCHRONISME
ET LE « COMTE DE GRIOLET »

Depuis 1901, je cherchais à appliquer au cinéma un synchronisme du mouvement et de la voix. J'avais commencé, comme tant d'autres, par envisager l'utilisation du phonographe. Mais j'y renonçai très rapidement, car tout déraillement du stylet, encore si facile, suffit à fausser le réglage et à amener des perturbations d'un effet grotesque certain. En outre, malgré la perfection à laquelle atteignent les gramophones modernes, il n'en reste pas moins que, de la première à la dernière note, l'auditeur écoute une musique artificielle, une musique morte, et que l'intermédiaire du mécanisme et du pavillon privera toujours de l'émotion que ne peut communiquer que la vie.

Je résolus donc d'utiliser de vrais chanteurs. Il fallait pour cela que les personnages du film, au moment de tourner, chantassent eux-mêmes. Et par un réglage facile à obtenir, je fis intervenir au bas de l'écran, dis-

Jacques Isnardon dans le rôle de Justin, du *Comte de Grisélet.*

crètement, la baguette du chef d'orchestre. Au moment
de la représentation, le chanteur peut suivre des yeux
la petite ombre qui lui dicte d'un bout à l'autre la

mesure. Le synchronisme s'obtient ainsi parfaitement.

La plus grosse objection fut élevée par les adeptes intraitables du théâtre lyrique. « Vous en êtes réduit, me disait-on, à compliquer votre œuvre et à doubler vos personnages. Votre écran représente un chanteur, et vous en utilisez un second qui donne de la voix dans

On distingue, au bas de cette scène du *Comte de Griolet*,
la baguette qui dicte la mesure aux chanteurs.

l'ombre... Mieux vaut le faire monter sur la scène et produire votre œuvre en simple opérette... »

Mais le cinéma offre une diversité et un luxe de décors naturels qu'aucun théâtre ne pourra jamais concevoir. Et surtout, ni l'opéra, ni l'opéra-comique, ni même l'opérette ne pénétreront dans les petites villes et les campagnes, tandis que le film synchronique peut être représenté partout. Il constitue ainsi, au point de vue de la diffusion de l'art, une étape que tous les gens sincères se plairont à reconnaître.

Dès la fin de la guerre, je me mis à écrire un petit scénario, sans autre prétention que celle de servir au

Devant la cheminée du château.

premier film synchronique. Je le tirai d'une page locale de l'histoire de la révolution et lui donnai comme cadre le château même d'Oissel et ses environs. Je pus ainsi y intercaler des chansons populaires normandes. Puis je composai la partition de ce livret, et jamais peut-être ne me suis-je tant attaché à créer de si simples et prenantes mélodies. Deux ans plus tard, tout était au point, livret,

Le Comte de Griolet. — Un baptême normand en 1789.

musique, accessoires et décors... car il en fallut quelques-uns, les trente-six tableaux du film ne pouvant se passer de quelques intérieurs. On tourna du 12 au 31 août 1920, par un temps magnifique et dans une atmosphère de fête incessante. Le château retentissait de chants, de rires et de musique, et des essaims de jeunes femmes, en robes Louis XVI et robes Directoire, rendaient aux pelouses et aux allées royales l'animation de leur splendeur d'antan. On dansait tous les soirs dans l'enfilade des salons, et les artistes, venus de Paris, s'en allaient ensuite canoter au clair de lune, remontant le cours de la Seine jusqu'au pied des rochers d'Orival, qui la bordent de leur blancheur mystérieuse de sphinx. Ils vécurent de la sorte, et pour ainsi dire sans quitter les costumes de l'époque, des heures d'inoubliable enchantement. Et le film a conservé l'empreinte de tant de joie et d'entrain et ses quinze cents mètres déroulent une succession de scènes idylliques ravissantes...

Malheureusement le *Comte de Griolet* ne fut que peu joué. Sans doute effraie-t-il les directeurs de salles de spectacle par la dépense inusitée que représentent les quatre chanteurs. Il est pourtant certain que le public accueillit avec faveur cette innovation. Une première représentation, à la salle Marivaux, devant les invités, critiques et journalistes des *premières*, obtint un fort joli succès. Puis je louai, mais pour un jour seulement, la salle du grand cinéma de l'avenue Bosquet, où la

Le Comte de Griolet. — Paysans dansant autour des feux de la Saint-Jean.

foule manifesta d'emblée sa satisfaction. Mais un vrai triomphe fut obtenu un peu plus tard à Dieppe, à Rouen et au Havre, où les salles louées ne désemplissaient pas. Il est vrai que ces paysages, costumes et chansons de Normandie, touchaient ici les spectateurs-auditeurs dans leurs affections les plus vives. Je n'en tirai aucun orgueil, car, comparé aux ahurissantes productions que l'Amérique nous envoie, le *Comte de Griolet* devait fatalement se faire acclamer par le bon sens des gens de chez nous.

Le synchronisme arrivera certainement, dans un avenir prochain, à gagner la faveur du public. Quant aux applications du cinéma à la science — soit dit en passant — elles aussi iront en se multipliant. Grâce à l'un de mes amis, M. Victor Collignon, un homme de grande intelligence et de grand cœur, l'ancien directeur de l'institut des sourds-muets, j'ai fait la connaissance du grand savant qu'est M. Marichelle, directeur du laboratoire de la parole de la Sorbonne. J'ai pu apprécier le parti merveilleux qu'il tire de la chronophotographie pour l'éducation des enfants frappés de surdi-mutité et je songe souvent à l'aider dans sa noble entreprise. Mais c'est là le secret de demain...

POUR VERHAEREN

Il me fut également donné de rendre un bel hommage au poète belge Emile Verhaeren, que j'avais connu et aimé au temps où je vivais presque dans la pauvreté à

Emile Verhaeren (buste exécuté par le sculpteur César Scrouvens).

Bruxelles. Verhaeren, on s'en souvient, est mort en
novembre 1917, à la gare de la rue Verte, à Rouen,

écrasé sous le wagon dans lequel il s'apprêtait à monter. Le dimanche 16, il avait déclamé quelques poèmes au musée de peinture. Le lendemain, 17, il s'était rendu aux ruines de l'abbaye de Jumièges, et c'est comme il repartait pour Paris, le soir, que l'accident mortel survint... J'étais si débile encore à cette époque, que je ne pus assister aux funérailles...

Huit ans plus tard, à Bruxelles, je retrouvai mon vieux camarade et ami de toujours, le sénateur Alphonse Carpentier, et nous décidâmes, d'un commun accord, de faire élever un monument à notre célèbre ami. Le sculpteur Scrouvens possédait un buste admirable du maître disparu. Nous en fîmes exécuter trois répliques en bronze, destinées l'une à Bruxelles, la seconde à Paris, la troisième à Rouen. Secondé dans mes nombreuses démarches par M. Albert Haemers, le sympathique consul de Belgique, un comité franco-belge des amis de Verhaeren se forma et une grande soirée de gala fut donnée à Rouen.

Elle eut lieu au Théâtre des Arts le 28 novembre 1924, en présence du maire, du préfet — M. Bouju, devenu préfet de la Seine — et du ministre d'État Carton de Wiart, qui prit la parole au nom de l'Académie de langue et de littérature françaises de Belgique. Mon ami Carpentier et moi, nous offrîmes publiquement à la municipalité le buste du poète, qui devait être placé non loin de celui de Maupassant, au square Solférino. Le spectacle se termina par le *Comte de Griolet*, exceptionnellement admis dans la salle célèbre où fut créé *Samson et Dalila*.

Au cours de cette belle cérémonie, qui fut l'occasion d'une grande manifestation d'amitié franco-belge, le commandant Carpentier (volontaire de guerre) prononça une vibrante allocution, ayant pour titre : « Pourquoi nous aimons la France. »

Cette soirée du 28 novembre laissera un souvenir impérissable chez tous les Rouennais qui eurent la bonne fortune d'y assister.

ÉPILOGUE

Lorsque M. Clouzot, conservateur du musée Galliéra, eut l'idée d'organiser une exposition rétrospective du film, il s'en ouvrit à M. Michel Coissac. Tous deux tombèrent d'accord pour me charger des recherches à entreprendre, sachant bien que je m'y emploierais de tout cœur et, surtout, que j'observerais la plus stricte équité entre les pionniers du septième art. Je partis en campagne et parvins à rassembler presque tous les ancêtres du cinéma, y compris le « fusil » de Marey, qui servait au parc des Princes à photographier, décomposé, le vol des pigeons. J'exhibai de même — je l'avais conservé précieusement — le premier kinétoscope d'Edison, avec les petites vues animées, si naïves, qui les premières fussent projetées sur écran. Ces appa-

reils voisinèrent avec le projecteur multiple, le phototachygraphe, la machine à imprimer les positifs, et
même le dispositif binoculaire pour la prise de vues
stéréoscopiques. Le trépied des dix objectifs enregistreurs du cinéorama ne put, faute de place, se présenter
sur le même rang que ses aînés et je me contentai d'en
détacher l'un des appareils. J'aurais pu exposer d'autres
inventions encore, à l'état d'ébauches, de maquettes ou
de projets. Mais leur aspect trop fruste me retint. Les
créations de Lumière et de Demeny n'étaient pas plus
nombreuses que les miennes et la proportion dut sem-
bler mieux respectée par cette abstention.

Mais l'exposition Galliéra ne resta ouverte que
quelques mois. Le directeur des Arts et Métiers,
M. Gabelle, eut l'idée de créer, au Musée même de
l'École, une sorte de panthéon du film. Les mêmes ancêtres, dès janvier 1926, s'y trouveront rassemblés et
c'est là qu'ils s'apprêteront, réconciliés à jamais, à bra-
ver l'oubli qui déjà les menace. On pourra, apposés sur
des mécaniques qui sembleront bientôt antédiluviennes,
déchiffrer sur quelques morceaux de carton, des noms
qu'envahira la poussière. Des millions d'hommes, sans
doute, n'ont pas connu cette faible satisfaction. Vanité
des vanités... Le souvenir de tant de luttes m'est plus
précieux qu'une petite page d'histoire...

Qui sait ? Peut-être le dernier mot n'est-il pas prononcé. Vert encore, et plein de vie, je poursuis mes
recherches. Plusieurs de mes projets sont près d'abou-

tir, mais j'ai perdu l'impatience qui trahit quelquefois les meilleures idées. Je travaillerai jusqu'à l'heure du suprême repos. Et si je mets au point encore une ou deux inventions, ce sera plus que je désirais.

J'ai fixé ces souvenirs pour apprendre aux hommes jeunes à ne jamais renoncer. L'histoire de ma vie pourra parfois faire sourire. Elle ne pourra pas ne pas réconforter. Je revendique aussi bien mes misères et mes fautes que mes succès. Les unes ne vont pas sans les autres. Et lorsque j'erre dans le grand parc d'Oissel, je me retrouve humble autant que lorsque je gagnais ma vie comme photographe, comme violoniste ou comme prestidigitateur. Mais j'ai réussi. Réussir, pour moi, ce fut tout simplement vouloir...

Je médite, je chasse, je fais un peu de musique, je peins... Je me suis mis à peindre sur le tard, et l'un de mes tableaux a été accepté au Salon. Je n'en tire aucune gloire, car ce délassement, et les longues heures de rêverie qu'il m'impose, me permettent de revenir plus dispos à mon travail. Je n'imaginais certes pas que des toiles me serviraient de violon d'Ingres. Et pourquoi pas?

Je pense, en terminant ce livre, aux milliers de pauvres bougres qui cherchent comme j'ai cherché, et qui s'imposent des privations, et qui souffrent de rester incompris. Je voudrais les encourager, les presser sur mon cœur. Je voudrais les exhorter et, sans les connaître, les aider à reprendre la tâche inachevée. Que mon exemple leur serve d'espérance !

TABLE

I. Souvenirs d'enfance 1

II. Premières inventions. 36

III. Le phototachygraphe 68

IV. Le cinéorama 88

V. Le liège 131

ÉVREUX, IMPRIMERIE CH. HÉRISSEY. 972 (I-1926)